《企业会计准则第37号——金融工具列报》应用指南 2018

财政部会计司编写组　编著

中国财经出版传媒集团
中国财政经济出版社

图书在版编目（CIP）数据

《企业会计准则第 37 号——金融工具列报》应用指南.
2018/财政部会计司编写组编著 . —北京：中国财政经济
出版社，2018.5
　　ISBN 978 – 7 – 5095 – 8269 – 5

　　Ⅰ. ①企… 　Ⅱ. ①财… 　Ⅲ. ①企业 – 会计准则 – 中国 –
指南 　Ⅳ. ①F279.23 – 62

中国版本图书馆 CIP 数据核字（2018）第 096251 号

责任编辑：张若丹　　　　　责任校对：杨瑞琦
封面设计：王　颖

中国财政经济出版社 出版

URL：http://www.cfeac.com
E – mail：cfeac@cfemg.cn
（版权所有　翻印必究）
社址：北京市海淀区阜成路甲 28 号　邮政编码：100142
营销中心电话：010 – 88191522
天猫网店：中国财政经济出版社旗舰店
http://zgczjjcbs.tmall.com
北京富生印刷厂印刷　各地新华书店经销
787×1092 毫米　16 开　10.5 印张　130 000 字
2018 年 7 月第 1 版　2018 年 7 月北京第 3 次印刷
定价：30.00 元
ISBN 978 – 7 – 5095 – 8269 – 5
（图书出现印装问题，本社负责调换）
本社质量投诉电话：010 – 88190744
打击盗版举报热线：010 – 88191661、QQ：2242791300

目 录

一、**总体要求** / 1

二、**适用范围** / 3

三、**应设置的会计科目和主要账务处理** / 7
（一）"应付债券" / 7
（二）"4401 其他权益工具" / 7

四、**金融负债和权益工具的区分** / 10
（一）金融负债和权益工具区分的总体要求 / 10
（二）金融负债和权益工具区分的基本原则 / 12
（三）以外币计价的配股权、期权或认股权证 / 22
（四）或有结算条款 / 23
（五）结算选择权 / 25
（六）复合金融工具 / 25
（七）合并财务报表中金融负债和权益工具的区分 / 29

五、**特殊金融工具的区分** / 31
（一）可回售工具 / 31
（二）发行方仅在清算时才有义务向另一方按比例交付其净资产的金融工具 / 33
（三）特殊金融工具分类为权益工具的其他条件 / 33
（四）特殊金融工具在母公司合并财务报表中的处理 / 34

六、金融负债和权益工具之间的重分类 / 36

七、收益和库存股 / 37
（一）发行方对利息、股利、利得或损失的处理 / 37
（二）库存股 / 38
（三）对每股收益计算的影响 / 38

八、金融资产和金融负债的抵销 / 40
（一）金融资产和金融负债相互抵销的条件 / 40
（二）金融资产和金融负债不能相互抵销的情形 / 41
（三）总互抵协议 / 41

九、金融工具对财务状况和经营成果影响的列报 / 43
（一）一般性规定 / 43
（二）资产负债表中的列示及相关披露 / 45
（三）利润表中的列示及相关披露 / 50
（四）套期会计相关披露 / 52
（五）公允价值披露 / 57

十、与金融工具相关的风险披露 / 59
（一）定性和定量信息 / 59
（二）信用风险披露 / 65
（三）流动性风险披露 / 92
（四）市场风险披露 / 95

十一、金融资产转移披露 / 99
（一）披露范围 / 99
（二）已转移但未整体终止确认的金融资产的披露 / 101
（三）已整体终止确认但转出方继续涉入已转移
金融资产的披露 / 103

十二、衔接规定 / 105

附录一　企业会计准则第 37 号——金融工具列报 / 116
附录二　《企业会计准则第 37 号——金融工具列报》
　　　　修订说明 / 157

一、总体要求

《企业会计准则第37号——金融工具列报》（以下简称"本准则"）规范了金融负债和权益工具的区分，企业发行的金融工具相关利息、股利、利得和损失的会计处理，金融资产和金融负债的抵销，金融工具在财务报表中的列示和披露以及金融工具相关风险的披露。

金融工具相关披露的目标，是有助于财务报表使用者了解企业所发行金融工具的分类、计量和列示，以及企业所持有的金融资产和承担的金融负债的情况，并就金融工具对企业财务状况和经营成果影响的重要程度、金融工具使企业在报告期间和期末所面临风险的性质和程度，以及企业如何管理这些风险作出合理评价。

企业应当按照《企业会计准则第30号——财务报表列报》（以下简称"财务报表列报准则"）的规定列报财务报表信息。由于金融工具交易相对于企业的其他经济业务更具特殊性，具有与金融市场结合紧密、风险敏感性强、对企业财务状况和经营成果影响大等特点，对于与金融工具相关的信息，除按照财务报表列报准则的规定列报外，还应当按照本准则的规定列报。

企业应当按照计量属性并结合自身实际情况对金融工具进行分类，在此基础上在资产负债表和利润表中列报其对财务状况和经营成果的影响，并披露金融资产和金融负债的公允价值信息。企业应当披露套期活动对企业风险敞口的影响，以及采用套期会计对财务报表的影响。

企业应当按照本准则规定，根据合同条款所反映的经济实质，将所发行的金融工具或其组成部分划分为金融负债或权益工具，并以此确定相关利息、股利、利得或损失的会计处理。与金融负债或复合金融工具负债成分相关的利息、股利、利得或损失，应当计入当期损益；与权益工具或复合金融工具权益成分相关的利息、股利，应当作为权益的变动处理。发行方不应当确认权益工具的公允价值变动。

企业应当正确把握金融资产和金融负债的抵销原则。满足本准则规定抵销条件的金融资产和金融负债应当以相互抵销后的净额在资产负债表内列示。企业应当充分考虑相关法律法规要求、合同或协议约定等各方面因素以及自身以总额还是净额结算的意图，对金融资产和金融负债是否符合抵销条件进行评估。

企业应当按风险类别（信用风险、市场风险和流动性风险）披露金融工具的定性和定量信息，包括风险敞口的来源、风险管理目标、政策和程序、风险敞口的汇总数据、风险集中度信息等，以便于财务报表使用者评估企业所面临风险的性质、程度以及企业风险管理活动的效果。

本准则对于"金融资产转移"和"已转移金融资产的继续涉入"的定义不同于《企业会计准则第23号——金融资产转移》（以下简称"金融资产转移准则"）。企业应当按照本准则要求，对于已转移尚未终止确认的金融资产，以及已终止确认但继续涉入的金融资产披露相关信息。

二、适用范围

通常情况下，符合《企业会计准则第 22 号——金融工具确认和计量》（以下简称"金融工具确认计量准则"）中金融工具定义的项目，应当按照该准则核算，并按照本准则列报。但一些符合金融工具定义的项目不按照金融工具确认计量准则核算，也不按照本准则列报，或者不按照金融工具确认计量准则核算但应按照本准则列报。同时，一些非金融项目合同有可能按照金融工具确认计量准则核算并按照本准则列报。

具体而言，本准则适用于所有企业发行或持有的各种类型的金融工具的列报，但以下情况例外：

（一）《企业会计准则第 41 号——在其他主体中权益的披露》（以下简称"其他主体中权益准则"）要求企业对子公司、合营安排和联营企业的投资按照该准则在财务报表附注中进行披露。但是，涉及与在子公司、合营安排或联营企业中的权益相联系的衍生工具的，该衍生工具的列报适用本准则。

（二）《企业会计准则第 33 号——合并财务报表》规定，符合投资性主体定义的企业对为其投资活动提供相关服务的子公司以外的其他子公司不予合并，并且对这类其他子公司的投资按照公允价值计量且其变动计入当期损益。投资性主体对于为其活动提供相关服务的子公司以外的其他子公司的投资的核算，适用金融工具确认计量准则，相关的披露要求同时适用本准则和其他主体中权益准则。

（三）根据《企业会计准则第 2 号——长期股权投资》的规定，风险投资机构、共同基金以及类似主体持有的对联营企业或合营企业的投资，可以在初始确认时按照金融工具确认计量准则规定以公允价值计量且其变动计入当期损益。如果企业选择按照金融工具确认计量准则核算该类投资，则相关的披露要求同时适用本准则和其他主体中权益准则。

对于通过风险投资机构、共同基金、信托公司或包括投连险基金在内的类似主体间接持有的对联营企业或合营企业的投资，企业选择按照金融工具确认计量准则规定以公允价值计量且其变动计入当期损益的，其相关的披露要求同时适用本准则和其他主体中权益准则。

（四）企业在结构化主体（包括纳入和未纳入合并财务报表范围的结构化主体）中权益的披露，适用其他主体中权益准则。但企业对结构化主体不实施控制或共同控制，且无重大影响的，企业在该结构化主体中权益的披露应当同时适用本准则和其他主体中权益准则。

（五）以股份为基础的支付合同虽然符合金融工具的定义，但其核算和列报由《企业会计准则第11号——股份支付》规范。但是，按照本准则第四条，股份支付合同可能适用本准则。此外，股份支付中涉及企业发行、回购、出售或注销库存股适用本准则。

（六）《企业会计准则第14号——收入》规范的属于金融工具的合同权利和义务，其披露适用该准则。但是，确认和计量相关减值损失和利得时应当适用金融工具确认计量准则的合同权利，应当遵循本准则有关信用风险披露的要求。

（七）债务重组中涉及的相关权利、义务的核算和列报，适用《企业会计准则第12号——债务重组》。对于债务重组中涉及的金融资产转移（例如以金融资产清偿债务），应当按本准则要求进行披露。

（八）保险合同符合金融工具的定义，但因保险合同所涉及的保险负债的计量具有一定的特殊性，其核算和列报由保险合同相关会计准则进行规范，不适用本准则。

具有相机分红特征而适用保险合同相关会计准则的金融工具，实质上具有与所有者权益类似的参与分享企业剩余收益的权利。该类金融工具不适用本准则关于金融负债和权益工具区分的规定。

对于保险合同中嵌入的、按照金融工具确认计量准则规定予以分拆后单独核算的衍生工具，应按照金融工具确认计量准则进行核算，其列报适用本准则。如果保险合同中嵌入的衍生工具本身就是一项保险合同，则该嵌入衍生工具的核算和列报适用保险合同相关会计准则。企业选择按照金融工具确认计量准则核算的财务担保合同，其列报适用本准则；企业选择按照保险合同相关会计准则进行会计处理的财务担保合同，适用保险合同相关会计准则。

（九）因职工薪酬计划形成的企业的义务，符合金融工具的定义。但由于职工薪酬相关义务的计量具有一定的特殊性，其核算和列报由《企业会计准则第9号——职工薪酬》规范，不适用本准则。

（十）买入或卖出非金融项目的合同，如果能够以现金或其他金融工具净额结算或通过交换金融工具结算，且不是为预定的购买、销售或使用要求而签订和持有（即交易目的本身不是为了购买、销售或使用非金融项目），适用本准则。但是，即使上述合同是为预定的购买、销售或使用要求而签订和持有，如果企业根据金融工具确认计量准则第八条的规定将该合同指定为以公允价值计量且其变动计入当期损益的金融资产或金融负债（例如，为消除与商品套期工具的计量错配），该合同仍适用本准则。

（十一）指定为以公允价值计量且其变动计入当期损益的金融负债的贷款承诺，能够以现金净额结算，或通过交换或发行其他金融工具结算的贷款承诺，以及以低于市场利率贷款的贷款承诺，应当按照金融工具确认计量准则的规定进行核算。对于适用金融工具确认计量准则已确认的贷款承诺的列报，应当适用本准则；对于金融工具确认计量准则未规范的贷款承诺，以及其他未确认的金融工具的披露，也适用本准则。例如，银行向某公司作出一项不可撤销贷款承诺，相关合同规定，公司以正在建设中的工程为抵押向银行贷款，银行将根据工程完工进度分期提供贷款，贷款利率按照市场利率确定。本例中，这是一项确定承诺，但不存在净额结算，贷款利率也不低于市场利率。如果银行没有将这项贷款承诺指定为以公允价值计量且其变动计入当期损益的金融负债，那么该项贷款承诺除减值外，在金融工具确认计量准则范围之外，但其披露适用本准则。

（十二）对于与金融工具相关的交易或事项涉及所得税的，应当按照《企业会计准则第18号——所得税》进行会计处理。

三、应设置的会计科目和主要账务处理

执行本准则的企业在不违反相关会计准则中确认、计量和报告规定的前提下,可以根据其实际情况设立会计科目(包括一级科目)。对于企业不存在的交易或者事项,可不设置相关会计科目。这里仅就本准则涉及的重要会计科目及相关账务处理提供参考。

(一)"应付债券"

1. 本科目核算企业为筹集(长期)资金而发行的以摊余成本计量的债券。企业发行的可转换公司债券,应将负债和权益成分进行分拆,分拆后形成的负债成分在本科目核算。

2. 本科目可按照发行的债券种类进行明细核算,并在各类债券中按"面值""利息调整""应计利息"设置明细科目,进行明细核算。

3. 主要账务处理:

(1)企业发行债券,应当按实际收到金额,借记"银行存款"或"存放中央银行款项"等科目,按债务工具的面值,贷记"应付债券——面值"科目,按其差额,贷记或借记"应付债券——利息调整"科目。

(2)在该工具存续期间,计算应付利息并按照实际利率进行摊销时,应按照金融工具确认计量准则中有关金融负债按摊余成本后续计量的规定进行会计处理。

(二)"4401 其他权益工具"

1. 本科目核算企业发行的除普通股以外的归类为权益工具的各种金融工具。

2. 本科目可按照发行金融工具的种类等进行明细核算。

3. 主要账务处理：

（1）企业发行的金融工具归类为其他权益工具的，应按实际收到的金额，借记"银行存款"或"存放中央银行款项"等科目，贷记本科目。

（2）分类为其他权益工具的金融工具，在存续期间分派股利（含分类为权益工具的工具所产生的"利息"，下同）的，作为利润分配处理。发行方应根据经批准的股利分配方案，按应分配给金融工具持有方的股利金额，借记"利润分配"科目，贷记"应付股利"科目。

（3）发行方发行的金融工具为既有负债成分又有权益工具成分的复合金融工具的，应按实际收到的金额，借记"银行存款"或"存放中央银行款项"等科目，按金融工具的面值，贷记"应付债券——面值"等科目，按负债成分的公允价值与金融工具面值之间的差额，借记或贷记"应付债券——利息调整"等科目，按实际收到的金额扣除负债成分的公允价值后的金额，贷记本科目。

发行复合金融工具发生的交易费用，应当在负债成分和权益成分之间按照各自占总发行价款的比例进行分摊。与多项交易相关的共同交易费用，应当在合理的基础上，采用与其他类似交易一致的方法，在各项交易之间进行分摊。对于分摊至负债成分的交易费用，应当计入该负债成分的初始计量金额（若该负债成分按摊余成本进行后续计量）或计入当期损益（若该负债成分按公允价值进行后续计量且其变动计入当期损益）；对于分摊至权益成分的交易费用，应当从权益中扣除。

（4）由于发行的金融工具原合同条款约定的条件或事项随着时间的推移或经济环境的改变而发生变化，导致原归类为权益工具的金融工具重分类为金融负债的，应当于重分类日，按该工具的账面价值,借记本科目,按该工具的面值,贷记"应付债券——面值"等科目,按该工具的公允价值与面值之间的差额,借记或贷记"应付债券——利息调整"等科目,按该工具的公允价值与账面价值的差额,贷记或借记"资本公积——资本溢价(或股本溢价)"科目,如资本公积不够冲减的,依次冲减盈余公积和未分配利润。发行方以重分类日计算的实际利率作为应付债券后续计量利息调整等的基础。

因发行的金融工具原合同条款约定的条件或事项随着时间的推移或经济环境的改变而发生变化,导致原归类为金融负债的金融工具重分类为权益工具的,应于重分类日,按金融负债的账面价值,贷记本科目,按金融负债的面值,借记"应付债券——面值"等科目,按其差额,借记或贷记"应付债券——利息调整"等科目。

(5)发行方按合同条款约定赎回所发行的除普通股以外的分类为权益工具的金融工具,按赎回价格,借记"库存股——其他权益工具"科目,贷记"银行存款"或"存放中央银行款项"等科目;注销所购回的金融工具,按该工具对应的其他权益工具的账面价值,借记本科目,按该工具的赎回价格,贷记"库存股——其他权益工具"科目,按其差额,借记或贷记"资本公积——资本溢价(或股本溢价)"等科目,如资本公积不够冲减的,依次冲减盈余公积和未分配利润。

(6)发行方按合同条款约定将发行的除普通股以外的金融工具转换为普通股的,按该工具对应的其他权益工具或金融负债的账面价值,借记本科目、"应付债券"等科目,按普通股的面值,贷记"实收资本(或股本)"等科目,按其差额,贷记"资本公积——资本溢价(或股本溢价)"等科目(如转股时金融工具的账面价值零头不足转换为1股普通股,发行方以现金或其他金融资产退换零头时,还需按支付的现金或其他金融资产的金额,贷记"银行存款"或"存放中央银行款项"等科目)。

四、金融负债和权益工具的区分

(一) 金融负债和权益工具区分的总体要求

本准则规定,企业发行金融工具,应当按照该金融工具的合同条款及其所反映的经济实质而非法律形式,以及金融资产、金融负债和权益工具的定义,在初始确认时将该金融工具或其组成部分分类为金融资产、金融负债或权益工具。

1. 金融负债和权益工具的定义。

金融负债,是指企业符合下列条件之一的负债:

(1) 向其他方交付现金或其他金融资产的合同义务,例如发行的承诺支付固定利息的公司债券。

(2) 在潜在不利条件下,与其他方交换金融资产或金融负债的合同义务,例如签出的外汇期权。

(3) 将来须用或可用企业自身权益工具进行结算的非衍生工具合同,且企业根据该合同将交付可变数量的自身权益工具。例如企业取得一项金融资产,并承诺两个月后向卖方交付本企业发行的普通股,交付的普通股数量根据交付时的股价确定,则该项承诺是一项金融负债。

(4) 将来须用或可用企业自身权益工具进行结算的衍生工具合同(以固定数量的自身权益工具交换固定金额的现金或其他金融资产的衍生工具合同除外),例如以普通股净额结算的股票期权(见例6)。企业对全部现有同类别非衍生自身权益工具的持有方(例如普通股股东)同比例发行配股权、期权或认股权证,使之有权按比例以固定金额的任何货币换取固定数量的该企业自身权益工具的,该类配股权、期权或认股权证应当分类为权益工具。其中,企业自身

四、金融负债和权益工具的区分

权益工具不包括应按照本准则第三章分类为权益工具的金融工具，也不包括本身就要求在未来收取或交付企业自身权益工具的合同。

权益工具，是指能证明拥有某个企业在扣除所有负债后的资产中的剩余权益的合同。在同时满足下列条件的情况下，企业应当将发行的金融工具分类为权益工具：

（1）该金融工具应当不包括交付现金或其他金融资产给其他方，或在潜在不利条件下与其他方交换金融资产或金融负债的合同义务。

（2）将来须用或可用企业自身权益工具结算该金融工具。如为非衍生工具，该金融工具应当不包括交付可变数量的自身权益工具进行结算的合同义务；如为衍生工具，企业只能通过以固定数量的自身权益工具交换固定金额的现金或其他金融资产结算该金融工具。企业自身权益工具不包括应按照本准则第三章分类为权益工具的金融工具，也不包括本身就要求在未来收取或交付企业自身权益工具的合同。

2. 区分金融负债和权益工具需考虑的因素。

（1）合同所反映的经济实质。在判断一项金融工具是否应划分为金融负债或权益工具时，应当以相关合同条款及其所反映的经济实质而非仅以法律形式为依据，运用金融负债和权益工具区分的原则，正确地确定该金融工具或其组成部分的会计分类。对金融工具合同所反映经济实质的评估应基于合同的具体条款。企业不应仅依据监管规定或工具名称进行划分。

（2）工具的特征。有些金融工具（如企业发行的某些优先股）可能既有权益工具的特征，又有金融负债的特征。因此，企业应当全面细致地分析此类金融工具各组成部分的合同条款，以确定其显示的是金融负债还是权益工具的特征，并进行整体评估，以判定整个工具应划分为金融负债或权益工具，还是既包括负债成分又包括权益工具成分的复合金融工具。

（二）金融负债和权益工具区分的基本原则

1. 是否存在无条件地避免交付现金或其他金融资产的合同义务。

（1）如果企业不能无条件地避免以交付现金或其他金融资产来履行一项合同义务，则该合同义务符合金融负债的定义。实务中，常见的该类合同义务情形包括：

①不能无条件避免的赎回，即金融工具发行方不能无条件地避免赎回此金融工具。如果一项合同（根据本准则第三章分类为权益工具的特殊金融工具除外）使发行方承担了以现金或其他金融资产回购自身权益工具的义务，即使发行方的回购义务取决于合同对手是否行使回售权，发行方应当在初始确认时将该义务确认为一项金融负债，其金额等于回购所需支付金额的现值（如远期回购价格的现值、期权行权价格的现值或其他回售金额的现值）。如果发行方最终无须以现金或其他金融资产回购自身权益工具，应当在合同对手回售权到期时将该项金融负债按照账面价值重分类为权益工具。

②强制付息，即金融工具发行方被要求强制支付利息。例如，一项以面值人民币1亿元发行的优先股要求每年按6%的股息率支付优先股股息，则发行方承担了未来每年支付6%股息的合同义务，应当就该强制付息的合同义务确认金融负债。又如，企业发行的一项永续债，无固定还款期限且不可赎回、每年按8%的利率强制付息。尽管该项工具的期限永续且不可赎回，但由于企业承担了以利息形式永续支付现金的合同义务，因此符合金融负债的定义。

需要说明的是，对企业履行交付现金或其他金融资产的合同义务能力的限制（如无法获得外币、需要得到有关监管部门的批准才能支付或其他法律法规的限制等），并不能解除企业就该金融工具所承担的合同义务，也不能表明该企业无须承担该金融工具的合同义务。

（2）如果企业能够无条件地避免交付现金或其他金融资产，例如能够根据相应的议事机制自主决定是否支付股息（即无支付股息的义务），同时所发行的金融工具没有到期日且合同对手没有回售权，或虽有固定期限但发行方有权无限期递延（即无支付本金的义务），则此类交付现金或其他金融资产的结算条款不构成金融负债。如果发放股利由发行方根据相应的议事机制自主决定，则股利是累积股利还是非累积股利本身不影响该金融工具被分类为权益工具。

实务中，优先股等金融工具发行时还可能会附有与普通股股利支付相连结的合同条款。这类工具常见的连结条款包括"股利制动机制""股利推动机制"等。"股利制动机制"的合同条款要求企业如果不宣派或支付（视具体合同条款而定，下同）优先股等金融工具的股利，则其也不能宣派或支付普通股股利。"股利推动机制"的合同条款要求企业如果宣派或支付普通股股利，则其也须宣派或支付优先股等金融工具的股利。如果优先股等金融工具所连结的是诸如普通股的股利，发行方根据相应的议事机制能够自主决定普通股股利的支付，则"股利制动机制"及"股利推动机制"本身均不会导致相关金融工具被分类为金融负债。对于本段所述判断依据，企业应谨慎地将其适用范围限制在普通股股利支付相连结的情形，不能推广适用到其他情形，例如与交叉保护条款或其他投资者保护条款相连结。

【例1】 甲公司发行了一项年利率为8%、无固定还款期限、可自主决定是否支付利息的不可累积永续债，其他合同条款如下：

（1）该永续债嵌入了一项看涨期权，允许甲公司在发行第5年及之后以面值回购该永续债。

（2）如果甲公司在第5年末没有回购该永续债，则之后的票息率增加至11%（通常称为"票息递增"特征）。

（3）该永续债票息在甲公司向其普通股股东支付股利时必须支

付(即"股利推动机制")。

甲公司根据相应的议事机制能够自主决定普通股股利的支付；该公司发行该永续债之前多年来均支付普通股股利。

分析：

本例中，尽管甲公司多年来均支付普通股股利，但由于甲公司能够根据相应的议事机制自主决定普通股股利的支付，并进而影响永续债利息的支付，对甲公司而言，该永续债利息并未形成支付现金或其他金融资产的合同义务；尽管甲公司有可能在第5年末行使回购权，但是甲公司并没有回购的合同义务。如果没有其他情形导致该工具被分类为金融负债，则该永续债应整体被分类为权益工具。同时，虽然合同中存在利率跳升安排，但该安排也不构成企业无法避免的支付义务。

【例2】甲公司发行了一项年利率为8%、无固定还款期限、可自主决定是否支付利息的不可累积永续债，合同条款中包含的投资者保护条款如下：

当发行人未能清偿到期应付的其他债务融资工具、企业债或任何金融机构贷款的本金或利息时，发行人立即启动投资者保护机制（实务中有时将此类保护条款称为"交叉保护"），即主承销商于20个工作日内召开永续债持有人会议。永续债持有人有权对如下处理方案进行表决：

(1) 无条件豁免违反约定；

(2) 有条件豁免违反约定，即如果发行人采取了补救方案（如增加担保），并在30日内完成相关法律手续的，则豁免违反约定。

如上述豁免的方案经表决生效，发行人应无条件接受持有人会议作出的上述决议，并于30个工作日内完成相关法律手续。如上述方案未获表决通过，则永续债本息应在持有人会议召开日的次日立即到期应付。

四、金融负债和权益工具的区分

分析：

本例中，首先，因为受市场对生产经营的影响等因素，能否有足够的资金支付到期的债务不在甲公司的控制范围内，即其无法控制是否会对债务产生违约；其次，当甲公司对债务产生违约时，其无法控制持有人大会是否会通过上述豁免的方案。而当持有人大会决定不豁免时，永续债本息就到期应付。因此，甲公司不能无条件地避免以交付现金或其他金融资产来履行一项合同义务，该永续债符合金融负债的定义，应当被分类为金融负债而非权益工具。

除上述示例中的相关条款外，企业还应当注意其他投资者保护条款。例如，一旦发行人破产或视同清算、发生超过净资产10%以上重大损失、财务指标承诺未达标、财务状况发生重大变化、控制权变更或信用评级被降级、发生其他投资者认定足以影响债权实现的事项等情形，那么该永续债一次到期应付，除非持有人大会通过豁免的决议。在这些合同中，破产往往是指无力偿债、拖欠到期应付款项、停止或暂停支付所有或大部分债务或终止经营其业务，或根据《破产法》规定进入破产程序，因此，由于发行人不能控制能否按时偿债、是否会发生超过净资产10%以上重大损失、财务指标承诺能否达标、财务状况是否发生重大变化、控制权是否会变更或信用等级是否会被降级、是否会发生其他投资者认定足以影响债权实现的事项等情形，进而无法无条件地避免以交付现金或其他金融资产来履行一项合同义务。因此，包含此类条款的永续债也应当被分类为金融负债。

企业应当基于真实、完整的合同进行相关分析和判断。在实务中，有时存在部分条款措词不够严谨或不够明确的情况，企业应当进一步明确合同条款是否会导致发行人存在交付现金或其他金融资产的义务。企业应当确保合同措辞明确，能够以此为基础作出合理的会计判断。另外，某些永续债条款可能也会约定永续债债权人破产清算时的清偿顺序等同于其他债务。在此类情况下，企业应当考虑这些条款是否会导致该永续债分类为金融负债。

（3）判断一项金融工具是划分为权益工具还是金融负债，不受下列因素的影响：

①以前实施分配的情况；

②未来实施分配的意向；

③相关金融工具如果没有发放股利对发行方普通股的价格可能产生的负面影响；

④发行方的未分配利润等可供分配权益的金额；

⑤发行方对一段期间内损益的预期；

⑥发行方是否有能力影响其当期损益。

（4）有些金融工具虽然没有明确地包含交付现金或其他金融资产义务的条款和条件，但有可能通过其他条款和条件间接地形成合同义务。例如，企业可能在显著不利的条件下选择交付现金或其他金融资产，而不是选择履行非金融合同义务，或选择交付自身权益工具。在实务中，相关合同可能包含利率跳升等特征，往往可能构成发行方交付现金或其他金融资产的间接义务。企业须借助合同条款和相关信息，全面分析判断。例如，对于例1中存在的"票息递增"条款，考虑到其只有一次利率跳升机会，且跳升幅度为3%（300基点），尚不构成本准则第十条所述的间接义务。

2. 是否通过交付固定数量的自身权益工具结算。

根据本准则，权益工具是证明拥有企业的资产扣除负债后的剩余权益的合同。因此，对于将来须交付企业自身权益工具的金融工具，如果未来结算时交付的权益工具数量是可变的，或者收到的对价的金额是可变的，则该金融工具的结算将对其他权益工具所代表的剩余权益带来不确定性（通过影响剩余权益总额或者稀释其他权益工具），也就不符合权益工具的定义。

四、金融负债和权益工具的区分

实务中,一项须用或可用企业自身权益工具结算的金融工具是否对其他权益工具的价值带来不确定性,通常与该工具的交易目的相关。如果该自身权益工具是作为现金或其他金融资产的替代品(例如作为商品交易中的支付手段),则该自身权益工具的接收方一般而言需要该工具在交收时具有确定的公允价值,以便得到与接受现金或其他金融资产的同等收益,因此企业所交付的自身权益工具数量是根据交付时的公允价值计算的,是可变的。反之,如果该自身权益工具是为了使持有方作为出资人享有企业(发行人)资产扣除负债的剩余权益,那么需要交付的自身权益工具数量通常在一开始就已商定,而不是在交付时计算确定。

将来须用或可用企业自身权益工具结算的金融工具应当区分为衍生工具和非衍生工具。例如,甲公司发行了一项无固定期限、能够自主决定支付本息的可转换优先股。按合同规定,甲公司将在第5年末将发行的该工具强制转换为可变数量的普通股,则该可转换优先股是一项非衍生工具。又如,甲公司发行一项5年期分期付息到期还本,同时到期可转换为固定数量普通股的可转换债券,则该可转换债券中嵌入的转换权是一项衍生工具。

(1) 基于自身权益工具的非衍生工具。

对于非衍生工具,如果发行方未来有义务交付可变数量的自身权益工具进行结算,则该非衍生工具是金融负债;否则,该非衍生工具是权益工具。

某项合同并不仅仅因为其可能导致企业交付自身权益工具而成为一项权益工具。企业可能承担交付一定数量的自身权益工具的合同义务,如果将交付的企业自身权益工具数量是变化的,使得将交付的企业自身权益工具的数量乘以其结算时的公允价值等于合同义务的金额,则无论该合同义务的金额是固定的,还是完全或部分地基于除企业自身权益工具的市场价格以外变量(例如利率、某种商品的价格或某项金融工具的价格）的变动而变化，该合同应当分类为金融负债。

【例3】甲公司与乙公司签订的合同约定，甲公司以100万元等值的自身权益工具偿还所欠乙公司债务。

本例中，甲公司需偿还的负债金额100万元是固定的，但甲公司需交付的自身权益工具的数量随着其权益工具市场价格的变动而变动。在这种情况下，甲公司发行的该金融工具应当划分为金融负债。

【例4】甲公司与乙公司签订的合同约定，甲公司以100盎司黄金等值的自身权益工具偿还所欠乙公司债务。

本例中，甲公司需偿还的负债金额随黄金价格变动而变动，同时，甲公司需交付的自身权益工具的数量随着其权益工具市场价格的变动而变动。在这种情况下，该金融工具应当划分为金融负债。

【例5】甲公司发行了名义金额人民币100元的优先股，合同条款规定甲公司在3年后将优先股强制转换为普通股，转股价格为转股日前一工作日的该普通股市价。

本例中，转股价格是变动的，未来须交付的普通股数量是可变的，实质可视作甲公司将在3年后使用自身普通股并按其市价履行支付优先股每股人民币100元的义务。在这种情况下，该强制可转换优先股整体是一项金融负债。

在上述三个例子中，虽然企业通过交付自身权益工具来结算合同义务，该合同仍属于一项金融负债，而并非企业的权益工具。因为企业以可变数量的自身权益工具作为合同结算方式，该合同不能证明持有方享有发行方在扣除所有负债后的资产中的剩余权益。

（2）基于自身权益工具的衍生工具。

对于衍生工具，如果发行方只能通过以固定数量的自身权益工具交换固定金额的现金或其他金融资产进行结算（即"固定换固定"),则该衍生工具是权益工具;如果发行方以固定数量自身权益工具交换可变金额现金或其他金融资产,或以可变数量自身权益工具交换固定金额现金或其他金融资产,或在转换价格不固定的情况下以可变数量自身权益工具交换可变金额现金或其他金融资产,则该衍生工具应当确认为衍生金融负债或衍生金融资产。例如,发行在外的股票期权赋予了工具持有方以固定价格购买固定数量的发行方股票的权利。该合同的公允价值可能会随着股票价格以及市场利率的波动而变动。但是,只要该合同的公允价值变动不影响结算时发行方可收取的现金或其他金融资产的金额,也不影响需交付的权益工具的数量,则发行方应将该股票期权作为一项权益工具处理。

运用上述"固定换固定"原则来判断会计分类的金融工具常见于可转换债券,具备转股条款的永续债、优先股等。如果发行的金融工具合同条款中包含在一定条件下转换成发行方普通股的约定且存在交付现金或其他金融资产的义务(例如每年支付固定股息的可转换优先股中的转换条款),该转股权将涉及发行方是否需要交付可变数量自身权益工具或者是否"固定换固定"的判断。在实务中,转股条款呈现的形式可能纷繁复杂,发行方应审慎确定其合同条款及所反映的经济实质是否能够满足"固定换固定"原则。

需要说明的是,在实务中,对于附有可转换为普通股条款的可转换债券等金融工具,在其转换权存续期内,发行方可能发生新的融资或者与资本结构调整有关的经济活动,例如股份拆分或合并、配股、转增股本、增发新股、发放现金股利等。通常情况下,即使转股价初始固定,但为了确保此类金融工具持有方在发行方权益中的潜在利益不会被稀释,合同条款会规定在此类事项发生时,转股价将相应进行调整。此类对转股价格以及相应转股数量的调整通常称为"反稀释"调整。原则上,如果按照转股价格调整公式进行调整,可使得稀释事件发生之前和之后,每一份此类金融工具所代表的发行方剩余利益与每一份现有普通股所代表的剩余利益的比例保持不变,即此类金融工具持有方相对于现有普通股股东所享有的在发行方权益中的潜在相对利益保持不变,则可认为这一调整并不违背"固定换固定"原则。如果不做任何调整,也可认为合同双方在此类工具发行时已在其估值中考虑了上述活动的预期影响。但如果做了调整且调整公式无法体现此类工具持有人与普通股股东在相关事件发生前后"同进同退"的原则,则不能认为这一调整符合"固定换固定"原则。

【例6】甲公司于2×17年2月1日向乙公司发行以自身普通股为标的的看涨期权。根据该期权合同,如果乙公司行权,乙公司有权以每股102元的价格从甲公司购入普通股1 000股。有关资料如下:

(1) 合同签订日2×17年2月1日;

(2) 行权日(欧式期权)2×18年1月31日;

(3) 2×18年1月31日应支付的固定行权价格102元;

(4) 期权合同中的普通股数量1 000股;

(5) 2×17年2月1日每股市价100元;

(6) 2×17年12月31日每股市价104元;

(7) 2×18年1月31日每股市价104元;

(8) 2×17年2月1日期权的公允价值5 000元;

(9) 2×17年12月31日期权的公允价值3 000元;

(10) 2×18年1月31日期权的公允价值2 000元。

情形1:期权以现金净额结算

分析:在现金净额结算约定下,甲公司不能完全避免向另一方支付现金的义务,因此应当将该期权划分为金融负债。

甲公司的账务处理如下:

①2×17年2月1日,确认发行的看涨期权:

借:银行存款 5 000

　　　　贷：衍生工具——看涨期权　　　　　　　　　　　5 000

②2×17年12月31日，确认期权公允价值减少：

　　　　借：衍生工具——看涨期权　　　　　　　　　　　2 000

　　　　　　贷：公允价值变动损益　　　　　　　　　　　2 000

③2×18年1月31日，确认期权公允价值减少：

　　　　借：衍生工具——看涨期权　　　　　　　　　　　1 000

　　　　　　贷：公允价值变动损益　　　　　　　　　　　1 000

　　在同一天，乙公司行使了该看涨期权，合同以现金净额方式进行结算。甲公司有义务向乙公司交付104 000元（104×1 000），并从乙公司收取102 000元（102×1 000），甲公司实际支付净额为2 000元。反映看涨期权结算的账务处理如下：

　　　　借：衍生工具——看涨期权　　　　　　　　　　　2 000

　　　　　　贷：银行存款　　　　　　　　　　　　　　　2 000

　　情形2：期权以普通股净额结算

　　分析：普通股净额结算是指甲公司以普通股代替现金进行净额结算，支付的普通股公允价值等于应当支付的现金金额。在普通股净额结算约定下，由于甲公司须交付的普通股数量[（行权日每股价格−102）×1 000÷行权日每股价格]不确定，因此应当将该期权划分为金融负债。

　　除期权以普通股净额结算外，其他资料与情形1相同。甲公司实际向乙公司交付普通股数量约为19.23股（2 000/104），因交付的普通股数量须为整数，实际交付19股，余下的金额24元（0.23×104）将以现金方式支付。因此，甲公司除以下账务处理外，其他账务处理与情形1相同：

　　2×18年1月31日：

　　　　借：衍生工具——看涨期权　　　　　　　　　　　2 000

　　　　　　贷：股本　　　　　　　　　　　　　　　　　　19

资本公积——股本溢价　　　　　　　　　　　1 957
　　银行存款　　　　　　　　　　　　　　　　　　24

情形3：期权以普通股总额结算

分析：在普通股总额结算约定下，甲公司需交付的普通股数量固定，将收到的金额也是固定的，因此应当将该期权划分为权益。

除甲公司以约定的固定数量的自身普通股交换固定金额现金外，其他资料与情形1相同。因此，乙公司有权于2×18年1月31日以102 000元（102×1 000）购买甲公司1 000股普通股。

甲公司的账务处理如下：

① 2×17年2月1日，确认发行的看涨期权：

借：银行存款　　　　　　　　　　　　　　　5 000
　　贷：其他权益工具　　　　　　　　　　　　　5 000

由于甲公司将以固定数量的自身股票换取固定金额现金，应将该衍生工具确认为权益工具。

② 2×17年12月31日：由于该期权合同确认为权益工具，甲公司无需就该期权的公允价值变动作出会计处理，因此无需在2×17年12月31日编制会计分录。

由于该看涨期权是价内期权（行权价格每股102元小于市场价格每股104元），乙公司在行权日行使了该期权，向甲公司支付了102 000元以获取1 000股甲公司股票。

③ 2×18年1月31日，乙公司行权：

借：现金　　　　　　　　　　　　　　　　102 000
　　其他权益工具　　　　　　　　　　　　　5 000
　　贷：股本　　　　　　　　　　　　　　　　1 000
　　　　资本公积——股本溢价　　　　　　　106 000

（三）以外币计价的配股权、期权或认股权证

一般来说，如果企业的某项合同是通过固定金额的外币（即企

业记账本位币以外的其他货币）交换固定数量的自身权益工具进行结算，由于固定金额的外币代表的是以企业记账本位币计价的可变金额，因此不符合"固定换固定"原则。但是，本准则在"固定换固定"原则下对以外币计价的配股权、期权或认股权证规定了一类例外情况：企业对全部现有同类别非衍生自身权益工具的持有方同比例发行配股权、期权或认股权证，使之有权按比例以固定金额的任何货币交换固定数量的该企业自身权益工具的，该类配股权、期权或认股权证应当分类为权益工具。这是一类范围很窄的例外情况，不能以类推方式适用于其他工具（如以外币计价的可转换债券）。

【例7】一家在多地上市的企业，向其所有的现有普通股股东提供每持有2股普通股可购买其1股普通股的权利（配股比例为2股配1股），配股价格为配股公告当日股价的70%。由于该企业在多地上市，受到各国家和地区当地的法规限制，配股权行权价的币种须与当地货币一致。

本例中，由于企业是按比例向其所有同类普通股股东提供配股权，且以固定金额的任何货币交换固定数量的该企业普通股，因此该配股权应当分类为权益工具。

（四）或有结算条款

附有或有结算条款的金融工具，指是否通过交付现金或其他金融资产进行结算，或者是否以其他导致该金融工具成为金融负债的方式进行结算，需要由发行方和持有方均不能控制的未来不确定事项（如股价指数、消费价格指数变动，利率或税法变动，发行方未来收入、净收益或债务权益比率等）的发生或不发生（或发行方和持有方均不能控制的未来不确定事项的结果）来确定的金融工具。

对于附有或有结算条款的金融工具，发行方不能无条件地避免交付现金、其他金融资产或以其他导致该工具成为金融负债的方式

进行结算的,应当分类为金融负债。但是,满足下列条件之一的,发行方应当将其分类为权益工具:

1. 要求以现金、其他金融资产或以其他导致该工具成为金融负债的方式进行结算的或有结算条款几乎不具有可能性,即相关情形极端罕见、显著异常且几乎不可能发生。

2. 只有在发行方清算时,才需以现金、其他金融资产或以其他导致该工具成为金融负债的方式进行结算。

3. 按照本准则第三章分类为权益工具的可回售工具。

实务中,出于对自身商业利益的保障和公平原则考虑,合同双方会对一些不能由各自控制的情况下是否要求支付现金(包括股票)作出约定,这些"或有结算条款"可以包括与外部市场有关的或者与发行方自身情况有关的事项。出于防止低估负债和防止通过或有条款的设置来避免对复合工具中负债成分进行确认的目的,本准则规定,发行方需要针对这些条款确认金融负债,除非能够证明或有事件是极端罕见、显著异常且几乎不可能发生的情况或者仅限于清算事件。例如,甲公司发行了一项永续债,每年按照合同条款支付利息,但同时约定其利息只在发行方有可供分配利润时才需支付,如果发行方可供分配利润不足则可能无法履行该项支付义务。虽然利息的支付取决于是否有可供分配利润,使得利息支付义务成为或有情况下的义务,但是甲公司并不能无条件地避免支付现金的合同义务,因此该公司应当将该永续债划分为一项金融负债。

如果合同的或有结算条款要求只有在发生了极端罕见、显著异常且几乎不可能发生的事件时才会以现金、其他金融资产或以其他导致该工具成为金融负债的方式进行结算,那么可将该或有结算条款视为一项不具有可能性的条款。如果一项合同只有在上述不具有可能性的事件发生时才须以现金、其他金融资产或以其他导致该工具成为金融负债的方式进行结算,在对该金融工具进行分类时,不需要考虑这些或有结算条款,应将该合同确认为一项权益工具。

【**例8**】甲公司拟发行优先股。按合同条款约定,甲公司可根据相应的议事机制自行决定是否派发股利,如果甲公司的控股股东发生变更(该事项不受甲公司控制),甲公司必须按面值赎回该优先股。

本例中,该或有事项(控股股东变更)不受甲公司控制,属于或有结算事项。同时,该事项的发生并非"极端罕见、显著异常且几乎不可能发生"。由于甲公司不能无条件地避免赎回股份的义务,因此,该工具应当划分为一项金融负债。

(五)结算选择权

对于存在结算选择权的衍生工具(例如,合同规定发行方或持有方能选择以现金净额或以发行股份交换现金等方式进行结算的衍生工具),发行方应当将其确认为金融负债或金融资产;如果可供选择的结算方式均表明该衍生工具应当确认为权益工具,则应当确认为权益工具。

例如,为防止附有转股权的金融工具的持有方行使转股权而导致发行方的普通股股东的股权被稀释,发行方会在衍生工具合同中加入一项现金结算选择权:发行方有权以等值于所应交付的股票数量乘以股票市价的现金金额支付给工具持有方,而不再发行新股。按照本准则规定,发行方应当将这样的转股权确认为衍生金融负债或衍生金融资产。

(六)复合金融工具

本准则规定,企业应对发行的非衍生工具进行评估,以确定所发行的工具是否为复合金融工具。企业所发行的非衍生工具可能同时包含金融负债成分和权益工具成分。对于复合金融工具,发行方应于初始确认时将各组成部分分别分类为金融负债、金融资产或权益工具。企业发行的一项非衍生工具同时包含金融负债成分和权益工具成分的，应于初始计量时先确定金融负债成分的公允价值（包括其中可能包含的非权益性嵌入衍生工具的公允价值），再从复合金融工具公允价值中扣除负债成分的公允价值，作为权益工具成分的价值。

可转换债券等可转换工具可能被分类为复合金融工具。发行方对该类可转换工具进行会计处理时，应当注意以下方面：

1. 在可转换工具转换时，应终止确认负债成分，并将其确认为权益。原来的权益成分仍旧保留为权益（从权益的一个项目结转到另一个项目，如从"其他权益工具"转入"资本公积——资本溢价或股本溢价"）。可转换工具转换时不产生损益。

2. 企业通过在到期日前赎回或回购而终止一项仍具有转换权的可转换工具时，应在交易日将赎回或回购所支付的价款以及发生的交易费用分配至该工具的权益成分和负债成分。分配价款和交易费用的方法应与该工具发行时采用的分配方法一致。价款和交易费用分配后，所产生的利得或损失应分别根据权益成分和负债成分所适用的会计原则进行处理，分配至权益成分的款项计入权益，与债务成分相关的利得或损失计入当期损益。

【例9】甲公司2×17年1月1日按每份面值1 000元发行了2 000份可转换债券，取得总收入2 000 000元。该债券期限为3年，票面年利息为6%，利息按年支付；每份债券均可在债券发行1年后的任何时间转换为250股普通股。甲公司发行该债券时，二级市场上与之类似但没有转股权的债券的市场利率为9%。假定不考虑其他相关因素。甲公司以摊余成本计量分类为金融负债的应付债券。

分析：

本例中，转股权的结算是以固定数量的债券换取固定数量的普通股，因此该转股权应归类为权益工具。具体计算和账务处理如下：

（1）先对负债成分进行计量，债券发行收入与负债成分的公允价值之间的差额则分配到权益成分。负债成分的现值按9%的折现率计算，见表1。

表1　　　　　　　　　　　　　　　　　　　　　　　　　　　　单位：元

本金的现值： 第3年年末应付本金2 000 000元（复利现值系数为0.7721835）	1 544 367
利息的现值： 3年期内每年应付利息120 000元（年金现值系数为2.5312917）	303 755
负债成分总额	1 848 122
权益成分金额	151 878
债券发行总收入	2 000 000

（2）甲公司的账务处理：

①2×17年1月1日，发行可转换债券：

借：银行存款　　　　　　　　　　　　　　2 000 000
　　应付债券——利息调整　　　　　　　　　 151 878
　　贷：应付债券——面值　　　　　　　　　2 000 000
　　　　其他权益工具　　　　　　　　　　　　151 878

②2×17年12月31日，计提和实际支付利息：

计提债券利息时：

借：财务费用　　　　　　　　　　　　　　　166 331
　　贷：应付利息　　　　　　　　　　　　　　120 000
　　　　应付债券——利息调整　　　　　　　　 46 331

实际支付利息时：

借：应付利息　　　　　　　　　　　　　　　120 000
　　贷：银行存款　　　　　　　　　　　　　　120 000

③2×18年12月31日，债券转换前，计提和实际支付利息：

计提债券利息时：

借：财务费用　　　　　　　　　　　　　170 501
　　贷：应付利息　　　　　　　　　　　　　120 000
　　　　应付债券——利息调整　　　　　　　 50 501

实际支付利息时：

借：应付利息　　　　　　　　　　　　　120 000
　　贷：银行存款　　　　　　　　　　　　　120 000

至此，转换前应付债券的摊余成本为1 944 954元（1 848 122 + 46 331 + 50 501）。

假定至2×18年12月31日，甲公司股票上涨幅度较大，可转换债券持有方均于当日将持有的可转换债券转为甲公司股份。由于甲公司对应付债券采用摊余成本进行后续计量，因此，在转换日，转换前应付债券的摊余成本应为1 944 954元，而权益成分的账面价值仍为151 878元。在转换日，甲公司发行股票数量为500 000股。对此，甲公司的账务处理如下：

借：应付债券——面值　　　　　　　　 2 000 000
　　贷：应付债券——利息调整　　　　　　　 55 046
　　　　股本　　　　　　　　　　　　　　500 000
　　　　资本公积——股本溢价　　　　　　1 444 954
借：其他权益工具　　　　　　　　　　　 151 878
　　贷：资本公积——股本溢价　　　　　　　151 878

3. 企业可能修订可转换工具的条款以促成持有方提前转换。例如，提供更有利的转换比率或在特定日期前转换则支付额外的对价。在条款修订日，对于持有方根据修订后的条款进行转换所能获得的对价的公允价值与根据原有条款进行转换所能获得的对价的公允价值之间的差额，企业（发行方）应将其确认为一项损失。

4. 企业发行认股权和债权分离交易的可转换公司债券，所发行的认股权符合本准则有关权益工具定义的,应当确认为一项权益工具(其他权益工具),并以发行价格减去不附认股权且其他条件相同的公司债券公允价值后的净额进行计量。认股权持有方到期没有行权的,企业应当在到期时将原计入其他权益工具的部分转入资本公积(股本溢价)。

(七) 合并财务报表中金融负债和权益工具的区分

在合并财务报表中对金融工具(或其组成部分)进行分类时,企业应考虑集团成员和金融工具的持有方之间达成的所有条款和条件,以确定集团作为一个整体是否由于该工具而承担了交付现金或其他金融资产的义务,或者承担了以其他导致该工具分类为金融负债的方式进行结算的义务。例如,某集团一子公司发行一项权益工具,同时其母公司或集团其他成员与该工具的持有方达成了其他附加协议,母公司或集团其他成员可能对相关的支付金额(如股利)作出担保;或者集团另一成员可能承诺在该子公司不能支付预期款项时购买这些股份。在这种情形下,尽管集团子公司(发行方)在没有考虑这些附加协议的情况下,在其个别财务报表中将这项工具分类为权益工具,但是在合并财务报表中,集团与该工具的持有方之间的附加协议的影响意味着集团作为一个整体无法避免经济利益的转移,导致其分类为金融负债。因此,合并财务报表应当考虑这些附加协议或条款,以确保从集团整体的角度反映所签订的所有合同和相关交易。

【例10】甲公司为乙公司的母公司,其向乙公司的少数股东签出一份在未来6个月后以乙公司普通股为基础的看跌期权。如果6个月后乙公司股票价格下跌,乙公司少数股东有权要求甲公司无条件地以固定价格购入乙公司少数股东所持有的乙公司股份。

在本例甲公司的个别财务报表中,由于该看跌期权的价值随着乙公司股票价格的变动而变动,并将于未来约定日期进行结算,因此该看跌期权符合衍生工具的定义而确认为一项衍生金融负债。在乙公司财务报表中,少数股东所持有的乙公司股份则是其自身权益工具。而在集团合并报表层面,由于看跌期权使集团整体承担了不能无条件避免的支付现金的合同义务,因此该少数股东权益不再符合权益工具定义,而应确认为一项金融负债,其金额等于回购所需支付金额的现值。

五、特殊金融工具的区分

(一) 可回售工具

可回售工具,是指根据合同约定,持有方有权将该工具回售给发行方以获取现金或其他金融资产的权利,或者在未来某一不确定事项发生或者持有方死亡或退休时,自动回售给发行方的金融工具。例如,某些合作制法人的可随时回售的"权益"或者某些开放式基金的可随时赎回的基金份额。

根据本准则,符合金融负债定义,但同时具有一定特征的可回售工具,应当分类为权益工具。

【例11】甲企业为合伙企业。相关合伙协议约定:新合伙人加入时按确定的金额和财产份额入伙,合伙人退休或退伙时以其财产份额的公允价值予以退还;合伙企业营运资金均来自合伙人,合伙人入伙期间可按财产份额分得合伙企业的利润(但利润分配由合伙企业自主决定);当合伙企业清算时,合伙人可按财产份额获得合伙企业的净资产。

本例中,由于合伙企业在合伙人退休或退伙时有向合伙人交付金融资产的义务,因而该可回售工具(合伙协议)满足金融负债的定义。同时,其作为可回售工具具备了以下特征:(1)合伙企业清算时合伙人可按财产份额获得合伙企业的净资产;(2)该协议属于合伙企业中最次级类别的工具;(3)所有合伙人权益具有相同的特征;(4)合伙企业仅有以现金或其他金融资产回购该工具的合同义务;(5)合伙人入伙期间可获得的现金流量总额,实质上基于该工具存续期内企业的损益、已确认净资产的变动、已确认和未确认净资产的公允价值变动。因而,该金融工具应当确认为权益工具。

企业在认定可回售工具是否应分类为权益工具时，应当注意以下三点：

1. 在企业清算时具有优先要求权的工具不是有权按比例份额获得企业净资产的工具。例如，如果一项工具使持有方有权在企业清算时享有除企业净资产份额之外的固定股利，而类别次于该工具的其他工具在企业清算时仅仅享有企业净资产份额，则该工具所属类别中所有工具均不属于在企业清算时有权按比例份额获得企业净资产的工具。

2. 在确定一项工具是否属于最次级类别时，应当评估若企业在评估日发生清算时该工具对企业净资产的要求权。同时，应当在相关情况发生变化时重新评估对该工具的分类。例如，如果企业发行或赎回了另一项金融工具，可能会影响对该工具是否属于最次级类别的评估结果。如果企业只发行一类金融工具，则可视为该工具属于最次级类别。

【例12】甲公司设立时发行了100单位A类股份，而后发行了10 000单位B类股份给其他投资人，B类股份为可回售股份。假定甲公司只发行了A、B两种金融工具，A类股份为甲公司最次级权益工具。

本例中，在甲公司的整个资本结构中，A类股份并不重大，且甲公司的主要资本来自B类股份，但由于B类股份并非甲公司发行的最次级的工具，因此不应当将B类股份归类为权益工具。

3. 除了发行方应当以现金或金融资产回购或赎回该工具的合同义务外，该工具应当不包括其他符合金融负债定义的合同义务。本准则对于符合条件的可回售工具的特殊规定，是仅针对回售权规定的一项债务与权益区分的例外。如果可回售工具中包含了回售权以外的其他构成发行方交付现金或其他金融资产的合同义务，则该回售工具不能适用这一例外。

例如，企业发行的工具是可回售的，除了这一回售特征外，还在合同中约定每年必须向工具持有方按照净利润的一定比例进行分配，这一约定构成了一项交付现金的义务，因此企业发行的这项可回售工具不应分类为权益工具。

（二）发行方仅在清算时才有义务向另一方按比例交付其净资产的金融工具

根据本准则，符合金融负债定义，但同时具有一定特征的、发行方仅在清算时才有义务向另一方按比例交付其净资产的金融工具（例如封闭式基金、理财产品的份额、信托计划等寿命固定的结构化主体的份额，实务中也称有限寿命工具），应当分类为权益工具。

针对仅在清算时才有义务向另一方按比例交付其净资产的金融工具的特征要求，与针对可回售工具的其中几条特征要求是类似的，但特征要求相对较少。原因在于清算是触发该合同支付义务的唯一条件，因此可以不必考虑其他特征，包括：不要求考虑除清算以外的其他的合同支付义务（如股利分配）；不要求考虑存续期间预期现金流量的确定方法（如根据净利润或净资产）；不要求该类别工具的所有特征均相同，仅要求清算时按比例支付净资产份额的特征相同。

（三）特殊金融工具分类为权益工具的其他条件

分类为权益工具的可回售工具，或发行方仅在清算时才有义务向另一方按比例交付其净资产的金融工具，除应当具有本准则第十六条或第十七条所述特征外，其发行方应当没有同时具备下列特征的其他金融工具或合同：（1）现金流量总额实质上基于企业的损益、已确认净资产的变动、已确认和未确认净资产的公允价值变动（不包括该工具或合同的任何影响）。（2）实质上限制或固定了本准则第十六条或第十七条所述工具持有方所获得的剩余回报。

在实务中的一些安排下，股东将实质上的企业控制权和利润转让给非股东方享有。例如，甲企业可能与乙企业签订包括资产运营控制协议（乙企业承包甲企业的运营管理）、知识产权的独家服务协议（甲企业经营所需知识产权由乙企业独家提供）、借款合同（甲企业向乙企业借款满足营运需要）等系列协议，将经营权和收益转移到乙企业；同时，甲企业股东还可能与乙企业签订股权质押协议和投票权委托协议等，将甲企业股东权利转移给乙企业。这种情况下，甲企业形式上的股份已经不具有权益工具的实质。因此，本准则第十六条、第十七条规定的特殊权益工具，应当排除存在上述安排的情形。

当然，实务中的情况比较复杂。例如，合伙企业的合伙人除了作为企业所有者外，通常也作为企业雇员参与经营，并获取劳动报酬。这类劳动合同也可能形成对企业剩余回报的限制。为避免企业误判，准则又作出规定：在运用上述条件时，对于发行方与本准则第十六条或第十七条所述工具持有方签订的非金融合同，如果其条款和条件与发行方和其他方之间可能订立的同等合同类似，不应考虑该非金融合同的影响。但如果不能作出此判断，则不得将该工具分类为权益工具。

下列按照涉及非关联方的正常商业条款订立的工具，不大可能导致满足本准则特征要求的可回售工具或发行方仅在清算时才有义务向另一方按比例交付其净资产的金融工具无法被分类为权益工具：(1) 现金流量总额实质上基于企业的特定资产。(2) 现金流量总额基于企业收入的一定比例。(3) 就职工为企业提供的服务给予报酬的合同。(4) 要求企业为其所提供的产品或服务支付一定报酬（占利润的比例非常小）的合同。

（四）特殊金融工具在母公司合并财务报表中的处理

由于将某些可回售工具以及仅在清算时才有义务向另一方按比

例交付其净资产的金融工具分类为权益工具而不是金融负债是本准则原则的一个例外，本准则不允许将该例外扩大到发行方母公司合并财务报表中少数股东权益的分类。因此，子公司在个别财务报表中作为权益工具列报的特殊金融工具，在其母公司合并财务报表中对应的少数股东权益部分，应当分类为金融负债。

六、金融负债和权益工具之间的重分类

由于发行的金融工具原合同条款约定的条件或事项随着时间的推移或经济环境的改变而发生变化，可能会导致已发行金融工具（含本准则第三章规定的特殊金融工具）的重分类。例如，企业拥有可回售工具和其他工具，可回售工具并非最次级类别，并不符合分类为权益工具的条件。如果企业赎回其已发行的全部其他工具后，发行在外的可回售工具符合了分类为权益工具的全部特征和全部条件，那么企业应从其赎回全部其他工具之日起将可回售工具重分类为权益工具。反之，如果原来被分类为权益工具的可回售工具因为更次级的新工具的发行，而不再满足分类为权益工具的条件，则企业应在新权益工具的发行日将可回售工具重分类为金融负债。

发行方原分类为权益工具的金融工具，自不再被分类为权益工具之日起，发行方应当将其重分类为金融负债，以重分类日该工具的公允价值计量，重分类日权益工具的账面价值和金融负债的公允价值之间的差额确认为权益。发行方原分类为金融负债的金融工具，自不再被分类为金融负债之日起，发行方应当将其重分类为权益工具，以重分类日金融负债的账面价值计量。

七、收益和库存股

（一）发行方对利息、股利、利得或损失的处理

将金融工具或其组成部分划分为金融负债还是权益工具，决定了发行方对相关利息、股利、利得或损失的会计处理方法。金融工具或其组成部分属于金融负债的，相关利息、股利、利得或损失，以及赎回或再融资产生的利得或损失等，应当计入当期损益。金融工具或其组成部分属于权益工具的，其发行（含再融资）、回购、出售或注销时，发行方应当作为权益的变动处理；发行方不应当确认权益工具的公允价值变动；发行方对权益工具持有方的分配应作利润分配处理，发放的股票股利不影响所有者权益总额。

与权益性交易相关的交易费用应当从权益中扣减。交易费用是指可直接归属于购买、发行或处置金融工具的增量费用。只有那些可直接归属于发行新的权益工具或者购买此前已经发行在外的权益工具的增量费用才是与权益交易相关的费用。例如，在企业首次公开募股的过程中，除了会新发行一部分可流通的股份之外，也往往会将已发行的股份进行上市流通，在这种情况下，企业需运用专业判断以确定哪些交易费用与权益交易（发行新股）相关，应计入权益核算；哪些交易费用与其他活动（将已发行的股份上市流通）相关，尽管也是在发行权益工具的同时发生的，但是应当计入损益。与多项交易相关的共同交易费用，应当在合理的基础上，采用与其他类似交易一致的方法，在各项交易间进行分摊。

利息、股利、利得或损失的会计处理原则同样也适用于复合金融工具。任何与负债成分相关的利息、股利、利得或损失应计入当期损益，任何与权益成分相关的利息、股利、利得或损失应计入权

益。发行复合金融工具发生的交易费用,也应当在负债成分和权益成分之间按照各自占总发行价款的比例进行分摊。例如,企业发行一项5年后以现金强制赎回的非累积优先股。在优先股存续期间内,企业可以自行决定是否支付股利。这一非累积可赎回优先股是一项复合金融工具,其中的负债成分为赎回金额的折现值。负债成分采用实际利率法确认的利息支出应计入当期损益,而与权益成分相关的股利支付应确认为利润分配。如果该优先股的赎回不是强制性的而是取决于持有方是否要求企业进行赎回,或者该优先股需转换为可变数量的普通股,则仍然适用前述会计处理。但是,如果该优先股赎回时所支付的金额还包括未支付的股利,则整个工具是一项金融负债。在这种情况下,支付的所有股利都应计入当期损益。

(二)库存股

回购自身权益工具(库存股)支付的对价和交易费用,应当减少所有者权益,不得确认金融资产。库存股可由企业自身购回和持有,也可由集团合并范围内的其他成员购回和持有。其他成员包括子公司,但是不包括集团的联营和合营企业。此外,如果企业是替他人持有自身权益工具,例如金融机构作为代理人代其客户持有该金融机构自身的股票,那么所持有的这些股票不是金融机构自身的资产,也不属于库存股。

如果企业持有库存股之后又将其重新出售,反映的是不同所有者之间的转让,而非企业本身的利得或损失。因此,无论这些库存股的公允价值如何波动,企业应直接将支付或收取的所有对价在权益中确认,而不产生任何损益。

(三)对每股收益计算的影响

企业应当按照《企业会计准则第34号——每股收益》的规定计

算每股收益。企业存在发行在外的除普通股以外的金融工具的,在计算每股收益时,应当按照以下原则处理:

1. 基本每股收益的计算。

在计算基本每股收益时,基本每股收益中的分子,即归属于普通股股东的净利润,不应包含其他权益工具的股利或利息。其中,对于发行的不可累积优先股等其他权益工具应扣除当期宣告发放的股利,对于发行的累积优先股等其他权益工具,无论当期是否宣告发放股利,均应予以扣除。

基本每股收益计算中的分母,为发行在外普通股的加权平均股数。

对于同普通股股东一起参加剩余利润分配的其他权益工具,在计算普通股每股收益时,归属于普通股股东的净利润不应包含根据可参加机制计算的应归属于其他权益工具持有者的净利润。

2. 稀释每股收益的计算。

企业发行的金融工具中包含转股条款的,即存在潜在稀释性的,在计算稀释每股收益时考虑的因素与企业发行可转换公司债券、认股权证相同。

八、金融资产和金融负债的抵销

（一）金融资产和金融负债相互抵销的条件

本准则规定，金融资产和金融负债应当在资产负债表内分别列示，不得相互抵销。但是，同时满足下列条件的，应当以相互抵销后的净额在资产负债表内列示：

1. 企业具有抵销已确认金额的法定权利，且该种法定权利是当前可执行的。

本准则第二十九条至第三十一条对抵销权进行了解释。需要说明的是，抵销协议中将支付或将收取的金额的不确定性并不妨碍企业的抵销权成为当前可执行的法定权利。同样地，抵销时间的不确定性也不妨碍抵销权成为当前可执行的法定权利，因为时间的推移并不意味着该抵销权取决于未来事件。但是，在某些未来事件发生之后则消失或成为不可执行的抵销权不满足抵销条件。例如，如果交易双方约定，在任何一方出现信用评级下降后，抵销条款不再适用或变为不可执行，则该抵销权自始至终都不满足抵销条件。

2. 企业计划以净额结算，或同时变现该金融资产和清偿该金融负债。

当企业分别通过收取和支付总额来结算两项金融工具时，即使该两项工具结算的间隔期很短，但企业需承受的可能是重大的资产信用风险和负债流动性风险，在这种情况下以净额列报并不适合。但是，金融市场中的清算机构的运作机制可能有助于两项金融工具达到同时结算。在这种情况下，若符合本准则第三十二条相关条件，相关的现金流量实际上等于一项净额，企业所承受的信用风险或流动性风险并非针对总额，因而满足净额结算的条件。

（二）金融资产和金融负债不能相互抵销的情形

本准则规定，在下列情况下，通常认为不满足抵销条件，不得抵销相关金融资产和金融负债：

1. 使用多项不同金融工具来仿效单项金融工具的特征，即"合成工具"。例如，利用浮动利率长期债券与收取浮动利息且支付固定利息的利率互换，合成一项固定利率长期负债。

2. 金融资产和金融负债虽然具有相同的主要风险敞口（例如远期合同或其他衍生工具组合中的资产和负债），但涉及不同的交易对手。

3. 无追索权金融负债与作为其担保物的金融资产或其他资产。

4. 债务人为解除某项负债而将一定的金融资产进行托管（例如偿债基金或类似安排），但债权人尚未接受以这些资产清偿负债。

5. 因某些导致损失的事项而产生的义务与预计通过保险合同向第三方索赔而得到的补偿。

（三）总互抵协议

企业与同一交易对手进行多项金融工具交易时，可能与该交易对手签订涵盖其所有交易的"总互抵协议"。这些总互抵协议形成的法定抵销权利只有在出现特定的违约事项时，或出现在正常经营过程中不会发生的其他情况时，才会生效并影响单项金融资产的变现和单项金融负债的结算。这种协议常常被金融机构用于在交易对手破产或发生其他导致交易对手无法履行义务的情况时保护金融机构免受损失。一旦发生触发事件，这些协议通常规定对协议涵盖的所有金融工具按单一净额进行结算。例如，进行金融衍生品交易的金融机构间可能签订由国际掉期与衍生工具协会（ISDA）制定的衍生品交易主协议，国内金融机构间开展衍生品交易，也可能签订由中国银行间市场交易商协会（NAFMII）制定的衍生品交易主协议，这些协议中可能含有上述互抵条款。

总互抵协议的存在本身并不一定构成协议所涵盖的资产和负债相互抵销的依据。如果总互抵协议仅形成抵销已确认金额的有条件权利，这不符合企业必须拥有当前可执行的抵销已确认金额的法定权利的要求；同时，企业可能没有以净额为基础进行结算或同时变现资产和清偿负债的意图。

九、金融工具对财务状况和经营成果影响的列报

（一）一般性规定

1. 企业在对金融工具各项目进行列报时，应当根据金融工具的特点及相关信息的性质对金融工具进行归类，充分披露与金融工具相关的信息，使得财务报表附注中的披露与财务报表列示的各项目相互对应。例如，对衍生工具进行披露时，将其分为外汇衍生工具、利率衍生工具、信用衍生工具等。

2. 企业应当按照本准则规定，并根据自身实际情况，合理确定列报金融工具的详细程度，既不应列报大量过于详细的信息从而掩盖了真正重要的信息，也不得列报过于汇总的信息从而难以区分各项交易或相关风险之间的重要差异。

3. 在确定列报类型时，应当至少按计量属性将金融工具分为以摊余成本计量和以公允价值计量两种类型。企业应在此基础上做进一步分类。例如，以公允价值计量的金融工具可以进一步分为以公允价值计量且其变动计入当期损益的金融工具和以公允价值计量且其变动计入其他综合收益的金融工具。

4. 企业应当披露编制财务报表时对金融工具所采用的重要会计政策、计量基础和与理解财务报表相关的其他会计政策等信息，包括企业将金融资产和金融负债指定为以公允价值计量且其变动计入当期损益的相关信息。

本准则第三十八条第（一）项以及第（二）项中的"企业如何满足运用指定的标准"，是指关于该项资产或者负债为什么满足金融工具确认计量准则中指定公允价值计量有关规定（例如该准则第二十条或第二十二条）的说明。

本准则第三十八条第（二）项中的"初始确认时对上述金融负债作出指定的标准"，是指企业是根据金融工具确认计量准则哪项规定（例如第二十二条第（一）项、第（二）项或第二十六条）作出该指定。

【例13】某保险公司2×18年年报对指定为以公允价值计量且其变动计入当期损益的金融资产或金融负债和指定为以公允价值计量且其变动计入其他综合收益的非交易性权益工具投资有关的会计政策作出如下披露：

符合以下一项或一项以上标准的金融工具（不包括为交易目的所持有的金融工具），在初始确认时，公司管理层将其指定为以公允价值计量且其变动计入当期损益的金融资产或金融负债：

（1）公司的该项指定可以消除或明显减少由于金融资产或金融负债的计量基础不同所导致的相关利得或损失在确认或计量方面不一致的情况。按照此标准，公司所指定的金融工具主要包括：

①部分长期债券及次级债务。

若干已发行的固定利率长期债券及次级债务的应付利息，已与"收固定/付浮动"利率互换的利息相匹配，并在公司利率风险管理策略正式书面文件中说明。如果这些金融负债仍以摊余成本计量，则会因为相关的衍生工具以公允价值计量且其变动计入当期损益而产生会计错配。因此，公司将这些金融负债指定为以公允价值计量且其变动计入当期损益的金融负债。

②投资连结合同项下的金融资产及金融负债。

在投资连结合同项下，公司对所购资产按照公允价值计量且其变动计入当期损益。为消除会计错配，公司按照与所购资产计量基础相一致的原则，将相关负债指定为以公允价值计量且其变动计入当期损益的金融负债。

（2）公司风险管理或投资策略的正式书面文件已载明，该金融负债组合以公允价值为基础进行管理、评价并向关键管理人员报告。

（3）公司发行的一些包含嵌入衍生工具的债务工具，其嵌入衍生工具对债务工具的现金流量产生重大改变。

对于某些非交易性权益工具投资，本公司将其指定为以公允价值计量且其变动计入其他综合收益的金融资产，公司拥有的这类金融工具包括股票、发行方分类为权益工具的永续债等。

公司对上述金融资产或金融负债的指定一经作出，将不会撤销。

（二）资产负债表中的列示及相关披露

1. 部分金融资产的信用风险披露。

按照金融工具确认计量准则，以摊余成本计量以及以公允价值计量且其变动计入其他综合收益的金融资产应当进行减值会计处理并按照本准则第七章第二节披露信用风险相关信息。企业应当设置专门的备抵账户，按类别记录相关金融资产因信用损失发生的减值，并披露减值准备的期初余额，本期计提、转回、转销、核销及其他变动的金额和期末余额等信息。若企业将原本分类为以摊余成本计量以及以公允价值计量且其变动计入其他综合收益的金融资产（债务工具投资）指定为以公允价值计量且其变动计入当期损益，则不用对其进行减值会计处理，也不适用本准则第七章第二节规定。但是，这些资产仍然面临信用风险问题，因此企业须按照本准则第四十条披露相关信息。

【例14】某企业持有的本应以公允价值计量且其变动计入其他综合收益的一组金融资产符合金融工具确认计量准则中指定为以公允价值计量且其变动计入当期损益的条件。基于管理需要，该企业将该组金融资产指定为以公允价值计量且其变动计入当期损益的金融资产，且在管理中未使用信用衍生工具或类似工具。有关信息披露如表2所示。

对于指定为以公允价值计量且其变动计入当期损益的金融资产：

（1）截至2×18年12月31日使企业面临的最大信用风险敞口

为 3 696 万元。

（2）信用风险变动引起的公允价值本期变动额为 10.8 万元、累计变动额为 35.4 万元。这些变动额，是该金融资产公允价值变动扣除由于市场风险因素的变化导致公允价值变动后的金额。市场风险因素的变化包括可观察的利率、商品价格、汇率以及价格指数、利率指数、汇率指数等指数的变动。

此外，该企业还按照本准则第四十三条的规定，披露了该组金融资产因信用风险变动引起的公允价值本期变动额和累计变动额的确定方法。

2. 以公允价值计量的金融负债的披露。

企业将某项金融负债指定为以公允价值计量且其变动计入当期损益的，应当按本准则第四十一条或第四十二条的规定披露。第四十一条针对的是因自身信用风险变动引起的公允价值变动计入其他综合收益的金融负债；第四十二条针对的是根据金融工具确认计量准则第六十八条第二款将全部利得和损失（包括自身信用风险变动引起的部分）计入当期损益的金融负债。由于前者涉及其他综合收益在负债终止确认时转入留存收益的情形，因此相比后者多一项披露要求。

【例15】某公司对指定为以公允价值计量且其变动计入当期损益的金融负债的相关信息披露如表 2 所示。

表 2　　　　　　　　　　　　　　　　　　　　　　　　　　　　　单位：元

项目	2×18 年公允价值变动额	因相关信用风险变动引起的公允价值本期变动额	因相关信用风险变动引起的公允价值累计变动额
（1）发行的普通债券	1 236 358	835 000	1 034 610
（2）发行的次级债券	3 693 000	2 100 000	3 000 600
合计	4 929 358	2 935 000	4 035 210

2×18年12月31日,指定为以公允价值计量且其变动计入当期损益的金融负债的账面价值高于按合同约定到期应支付债权人金额58 300元。

3. 金融资产和金融负债互抵协议的影响。

为使财务报表使用者了解企业所签订的总互抵协议对企业财务状况的影响,企业需要披露总互抵协议(或类似协议)下的金融资产和金融负债的总额、已抵销金额、列示净额、潜在可能抵销金额以及扣除已抵销和潜在可能抵销金额后的净额。上述5项金额分别对应本准则第四十七条第一款第(一)至(五)项要求。

企业应注意以下几点:

(1) 本准则第四十七条所指的"类似协议",包括所有可能导致金融资产和金融负债相抵销的协议,例如衍生工具清算协议、总回购协议、证券借贷总协议以及与财务担保物相关的协议等。总互抵协议或类似协议下的已确认金融工具,可能包括衍生工具、买入返售、卖出回购和证券借贷协议等。不属于第四十七条范围的金融工具包括同一机构内的贷款或客户存款(除非其在资产负债表中予以抵销)和仅作为抵押担保协议项下的金融工具等。

(2) 本准则第四十七条(二)要求披露按本准则第二十八条规定抵销的金额。在同一安排下予以抵销的已确认金融资产和已确认金融负债的金额将同时在金融资产和金融负债抵销的披露中反映。但是,所披露的金额仅限于予以抵销的金额。例如,企业可能拥有满足第二十八条抵销条件的已确认衍生金融资产和已确认衍生金融负债,如果衍生金融资产的总额大于衍生金融负债的总额,则在金融资产的披露和金融负债的披露中的可予以抵销的金额都应当是衍生金融负债的总额。

(3) 如果企业拥有属于本准则第四十七条所要求披露的工具,但该工具不满足第二十八条规定的抵销条件,则该工具根据第四十七条（三）要求披露的金额等于（一）要求披露的金额。同时，（三）披露的金额与资产负债表中的单列项目金额应可以勾稽对应。如果企业确定将单列项目金额予以合并或分解可提供更相关的信息，则必须将披露的已合并或分解金额与资产负债表中的单列项目金额相勾稽。

（4）本准则第四十七条（四）2要求企业披露收到或抵押出的作为财务担保物的金融工具的公允价值，披露的金额应当为实际收到或抵押出的担保物公允价值，而不是因返还或收回担保物而确认的应付款项或应收款项的公允价值。

对于单项金融工具，其潜在可能抵销的金额不可能超过列示净额。因此对于每一项金融工具，本准则第四十七条（四）披露的总额不能超过（三）披露的金额。因此，如果一项金融工具既存在不满足抵销条件的情况（将来可能满足抵销条件，如因一方发生违约而触发），也存在担保的情况，且两者涉及的金额之和大于当前列示净额，则企业应当调低担保相关金额，使得该工具的潜在可能抵销金额不超过列示净额。

（5）企业应当披露与本准则第四十七条（四）中所述的可执行的总互抵协议或类似协议下相关的抵销权利的信息，以及对权利性质的描述。例如，企业应当描述其附带条件的抵销权利。对于当前不符合本准则抵销要求的金融工具，企业应当描述其不符合要求的原因。对于所有收到或抵押出的财务担保物，企业应当披露抵押担保协议的相关条款（例如担保物受到限制的情形）。

（6）根据本准则第四十七条（一）至（五）所进行的定量披露，可以分别按金融工具或交易的类型（例如，衍生工具、回购和逆回购协议或证券借贷安排）提供。企业也可以按金融工具或交易的类型提供（一）至（三）所要求的信息，按交易对手提供（三）至（五）所要求的信息。如果企业按交易对手提供要求披露的信息，无需列明交易对手的具体名称。为保持可比性，各年度内对交易对手的指定应当保持一致。企业还应当考虑提供有关交易对手的进一步定性信息。在按交易对手披露（三）至（五）所要求的有关金额时，相对于所有交易对手而言单项重要的金额应当单独披露，其余单项不重要的金额可以汇总为一个单列项目披露。

（7）为满足财务报表使用者评估净额结算安排对企业财务状况现实及潜在影响的需要，除按照本准则第四十七条要求披露金融资产和金融负债抵销相关信息之外，企业还应根据总互抵协议或类似协议的条款提供其他补充信息，如抵销权的条款及其性质等信息。此外，根据本准则第四十七条披露的金融工具可能遵循不同的计量要求（例如，与回购协议相关的应付款项以摊余成本计量，而衍生工具以公允价值计量），因此企业应当披露计量差异的情况。

【例16】金融资产和金融负债抵销的相关披露示例如下：

（1）抵销的金融资产以及可执行的总互抵协议或类似协议下的金融资产如表3所示。

表3   单位：百万元

类型	（一）已确认金融资产的总额	（二）在资产负债表中抵销的金额	（三）=（一）-（二）在资产负债表中列示的净额	（四）不满足抵销条件的工具	（四）财务担保物	（五）=（三）-（四）资产负债表中列示的净额扣除（四）中金额后的余额
衍生工具	200	(80)	120	(80)	(30)	10
逆回购、证券借贷协议或类似协议	90	—	90	(90)	—	—

续表

类型	(一) 已确认金融资产的总额	(二) 在资产负债表中抵销的金额	(三)=(一)-(二) 在资产负债表中列示的净额	(四) 不满足抵销条件的工具	财务担保物	(五)=(三)-(四) 资产负债表中列示的净额扣除(四)中金额后的余额
其他金融工具	—	—	—	—	—	—
合计	290	(80)	210	(170)	(30)	10

(2) 抵销的金融负债以及可执行的总互抵协议或类似协议下的金融负债如表4所示。

表4　　　　　　　　　　　　　　　　　　　　　　　　　　单位：百万元

类型	(一) 已确认金融负债的总额	(二) 在资产负债表中抵销的金额	(三)=(一)-(二) 在资产负债表中列示的净额	(四) 不满足抵销条件的工具	财务担保物	(五)=(三)-(四) 资产负债表中列示的净额扣除(四)中金额后的余额
衍生工具	160	(80)	80	(80)	—	—
逆回购、证券借贷协议或类似协议	80	—	80	(80)	—	—
其他金融工具	—	—	—	—	—	—
合计	240	(80)	160	(160)	—	—

（三）利润表中的列示及相关披露

本准则第五十五条对利润表中的列示及相关披露作出了规范，

有关说明和举例如下：

1. 企业至少应当按金融工具的不同计量基础分别披露利得或损失。由于金融工具按不同计量基础分类计量，这一披露要求有助于财务报表使用者更好地理解企业金融工具的经营成果。

2. 企业应披露的利息收入或利息费用为：按实际利率法计算的金融资产或金融负债产生的利息收入或利息费用总额。

【例17】某银行利润表利息收入和利息费用披露格式如表5所示。

表5

利息净收入	本期发生额	上期发生额
利息收入：		
存放中央银行款项		
发放贷款和垫款		
债券投资		
拆出资金		
买入返售金融资产		
存放同业		
其他		
利息收入合计		
利息支出：		
吸收存款		
拆入资金		
卖出回购金融资产		
同业存放		
应付债券		
向中央银行借款		
其他		
利息支出合计		
利息净收入		

3. 企业应分别披露下列手续费收入或支出：

①金融资产和金融负债（不含以公允价值计量且其变动计入当期损益的金融资产和金融负债）产生的直接计入当期损益（即在确定实际利率时未包括）的手续费收入或支出；

②企业通过信托和其他托管活动代他人持有资产或进行投资而形成的，直接计入当期损益的手续费收入或支出。

对应上述①所要求的披露范围取决于企业的业务性质。例如，对于银行发放信用卡的业务，手续费可能包括信用卡的年费收入、处理借贷交易的商户服务佣金、透支手续费等。

（四）套期会计相关披露

套期活动属于企业风险管理活动，在符合套期会计应用条件的前提下，企业可以选择应用套期会计。企业应当按照《企业会计准则第24号——套期会计》（以下简称"套期会计准则"）的规定，对符合条件并选择应用套期会计的套期活动，分别按公允价值套期、现金流量套期及境外经营净投资套期三种类型进行会计处理，同时按照本准则第五十七条至第七十条规定进行披露，以便财务报表使用者理解企业套期关系的性质和这些套期关系对企业当期及未来期间经营成果的影响。

【例18】针对商品价格风险管理策略的披露示例

本公司从事铜产品的生产加工业务，持有的铜产品面临铜的价格变动风险。因此本公司采用期货交易所的铜期货合同管理持有的全部铜产品所面临的商品价格风险。本公司生产加工的铜产品中所含的标准阴极铜与铜期货合同中对应的标准阴极铜相同，套期工具（铜期货合同）与被套期项目（本公司所持有的铜产品中的标准阴极铜）的基础变量均为标准阴极铜价格。套期无效部分主要来自基差风险、现货或期货市场供求变动风险以及其他现货或期货市场的不确定性风险等。本年度和上年度确认的套期无效的金额并不重大。本公司针对此类套期采用公允价值套期。

企业应当按照风险类型披露相关定量信息，从而有助于财务报表使用者评价套期工具的条款和条件及这些条款和条件如何影响企业未来现金流量的金额、时间和不确定性。这些要求披露的明细信息应当包括：

1. 套期工具名义金额的时间分布；
2. 套期工具的平均价格或利率（如适用）。

【例19】表6列示了以人民币为记账本位币，被指定为套期工具的期权合同的到期日和平均汇率概况。

表6   单位：万元

	0~6个月	6~12个月	12个月以后
美元期权合同名义金额	125 000	105 000	150 000
人民币兑美元的平均汇率	6.85	6.91	6.87
欧元期权合同名义金额	(53 000)	(40 000)	(35 000)
人民币兑欧元的平均汇率	7.75	7.76	7.80
英镑期权合同名义金额	(82 000)	(64 000)	(90 000)
人民币兑英镑的平均汇率	8.68	8.77	8.78

对于公允价值套期，企业应当以表格形式、按风险类型分别披露与被套期项目相关的下列金额：

1. 资产负债表中已确认的被套期项目账面价值，资产项目和负债项目应分别列示；
2. 已确认的被套期项目账面价值中所包含的被套期项目累计公允价值套期调整，资产项目和负债项目应分别列示；
3. 被套期项目所属的资产负债表项目（即被套期项目在资产负债表中列示在哪个项目下，如"存货""应付债券""其他流动资产"）；

4. 本期用作确认套期无效部分基础的被套期项目价值变动；

5. 对于以摊余成本计量的金融工具作为被套期项目的情况，企业应当根据套期会计准则第二十三条要求对被套期项目价值调整进行摊销。若套期关系先于被套期项目终止（例如由于企业风险管理政策变化），则未摊销的价值调整还将保留在资产负债表中直至摊销完。该情况下，企业应当披露保留在资产负债表中的公允价值套期累计调整额。

对于现金流量套期和境外经营净投资套期，企业应当以表格形式、按风险类型分别披露与被套期项目相关的下列金额：

1. 本期用作确认套期无效部分基础的被套期项目价值变动；

2. 根据套期会计准则第二十四条的规定继续按照套期会计处理的现金流量套期储备的余额；

3. 根据套期会计准则第二十七条的规定继续按照套期会计处理的境外经营净投资套期计入其他综合收益的余额；

4. 不再适用套期会计的套期关系所导致的现金流量套期储备和境外经营净投资套期中计入其他综合收益的利得和损失的余额。

企业可以按照表7披露此类信息。

表7　　　　　　　　　2×18年12月31日　　　　　　　单位：万元

	被套期项目的账面价值		被套期项目公允价值套期调整的累计金额（计入被套期项目的账面价值）		包含被套期项目的资产负债表列示项目	2×18年用作确认套期无效部分基础的被套期项目公允价值变动	现金流量套期储备
	资产	负债	资产	负债			
现金流量套期							
商品价格风险 ——预期销售 ——终止的套期（预期销售）	不适用 不适用	不适用 不适用	不适用 不适用	不适用 不适用	不适用 不适用	×× 不适用	×× ××

九、金融工具对财务状况和经营成果影响的列报

续表

	被套期项目的账面价值		被套期项目公允价值套期调整的累计金额（计入被套期项目的账面价值）		包含被套期项目的资产负债表列示项目	2×18年用作确认套期无效部分基础的被套期项目公允价值变动	现金流量套期储备
	资产	负债	资产	负债			
公允价值套期							
利率风险 ——应付债券 ——终止的套期（应付债券）	— —	×× ××	— —	×× ××	应付债券 应付债券	×× 不适用	不适用 不适用
外汇风险 ——确定承诺	××	××	××	××	其他流动资产	××	不适用

对于每类套期类型，企业应当按照本准则第六十六条的规定以表格形式、按风险类型分别披露与套期工具相关金额。企业可以按照表8披露此类信息。

表8　　　　　　　　2×18年12月31日　　　　　　　　单位：万元

	套期工具的名义金额	套期工具的账面价值		包含套期工具的资产负债表列示项目	2×18年用作确认套期无效部分基础的套期工具公允价值变动
		资产	负债		
现金流量套期					
商品价格风险 ——远期销售合同	××	××	××	衍生金融资产/负债	××
公允价值套期					
利率风险 ——利率互换合同	××	××	××	衍生金融资产/负债	××
外汇风险 ——外币贷款	××	××	××	衍生金融资产/负债	××

对于每类套期类型，企业应当按照本准则第六十七条、第六十八条的规定，以表格形式、按风险类型分别披露因采用套期会计所影响的利润表的相关金额。企业可以按照表9和表10披露此类信息。

表9   单位：万元

公允价值套期	计入当期损益的套期无效部分	计入其他综合收益的套期无效部分	计入当期损益的利润表列示项目（包括套期无效部分）
利率风险	××	不适用	公允价值变动收益
权益价格风险	××	××	公允价值变动收益

表10   单位：万元

现金流量套期	计入其他综合收益的套期工具的公允价值变动	计入当期损益的套期无效部分	包含已确认的套期无效部分的利润表列示项目	从现金流量套期储备重分类至当期损益的金额	包含重分类调整的利润表列示项目
商品价格风险 ——商品 ——终止的套期	×× 不适用	×× 不适用	公允价值变动收益 不适用	×× ××	营业成本 营业成本

企业因使用信用衍生工具管理金融工具的信用风险敞口而将金融工具（或其一定比例）指定为以公允价值计量且其变动计入当期损益的，应当按照本准则第七十条的规定进行披露。对于用于管理根据套期会计准则第三十四条的规定被指定为以公允价值计量且其变动计入当期损益的金融工具信用风险敞口的信用衍生工具，企业应当披露每一项工具的名义金额以及当期期初和期末公允价值的调节表。企业可以按照表11披露此类信息。

表 11　　　　　　　　　　　　　　　　　　　　　　　　　　　　　　单位：万元

信用衍生工具	名义金额	期初公允价值	本期公允价值变动	除公允价值变动外的影响		期末公允价值
				本期增加	本期减少	
信用衍生工具 A						
信用衍生工具 B						
……						

（五）公允价值披露

1. 公允价值与账面价值的比较。

除了本准则第七十三条规定情况外，企业应当披露每一类金融资产和金融负债的公允价值，并与账面价值进行比较，无论其是否按公允价值计量。此处的披露类别应当与在资产负债表中列示的类别相一致。对于在资产负债表中相互抵销的金融资产和金融负债，其公允价值应当以抵销后的金额披露。

2. 金融资产或金融负债初始确认时交易价格与公允价值差异产生利得或损失的信息披露。

根据金融工具确认计量准则第三十四条第（二）项，金融资产或金融负债初始确认的公允价值与交易价格存在差异时，如果其公允价值并非基于相同资产或负债在活跃市场中的报价，也非基于仅使用可观察市场数据的估值技术，企业在初始确认金融资产或金融负债时不应将该差异确认为利得或损失，而应当将其递延，在后续期间根据相关因素的变动确认利得或损失。

在此情况下，企业应当按金融资产或金融负债的类型披露相关信息，这些信息包括：初始确认后续期间在损益中确认交易价格与初始确认的公允价值之间差额时所采用的会计政策，以反映市场参与者对资产或负债进行定价时所考虑的因素（包括时间因素）的变动；该项差异期初和期末尚未在损益中确认的金额和本期变动额；

认定交易价格并非公允价值的最佳证据,以及确定公允价值的证据。

3. 金融工具公允价值信息披露的豁免。

本准则第七十三条提供了对金融工具公允价值披露的有限豁免,包括:账面价值与公允价值差异很小的金融资产或金融负债(如短期应收、应付账款);包含相机分红特征且其公允价值无法可靠计量的合同;租赁负债。针对包含相机分红特征且其公允价值无法可靠计量的合同,企业需要披露额外信息以帮助财务报表使用者判断其账面价值和公允价值之间的可能差异:

(1)对金融工具的描述及其账面价值,以及因公允价值无法可靠计量而未披露其公允价值的事实和说明。

(2)金融工具的相关市场信息。

(3)企业是否有意图处置及如何处置这些金融工具。

(4)之前公允价值无法可靠计量的金融工具终止确认的,应当披露终止确认的事实,终止确认时该金融工具的账面价值和所确认的利得或损失金额。

十、与金融工具相关的风险披露

(一) 定性和定量信息

1. 定性信息。

提供定性披露有助于财务报表使用者将相关披露联系起来,从而了解金融工具所产生风险的性质和程度的全貌。定性披露和定量披露的相互补充使企业披露的信息能够更好地帮助财务报表使用者评估企业所面临的风险敞口。

本准则规定,对金融工具产生的各类风险,企业应当披露下列定性信息:

①风险敞口及其形成原因。

②风险管理目标、政策和程序。

　i. 企业风险管理的目标和风险偏好设定

　ii. 企业风险管理的组织架构

　iii. 风险识别、评价、规避和报告流程

　iv. 企业的风险报告或计量系统的范围和性质

　v. 企业对风险进行套期或降低风险的政策,包括接受担保物的政策和程序

　vi. 企业对这种套期或降低风险的方法的持续有效性进行监控的流程

　vii. 企业避免风险过度集中的政策和程序

③计量风险的方法。

企业应当披露定性信息与前期相比的所有变化。这些变化可能是企业面临的风险敞口改变或企业管理风险敞口的方式改变。披露这些信息有助于财务报表使用者了解这些变化对未来现金流量的性

质、时间和不确定性的影响。

【例20】某集团有关金融工具风险管理定性披露的示例如下：

风险管理

本集团在日常活动中面临各种金融工具的风险，主要包括信用风险、流动性风险、市场风险（包括汇率风险、利率风险和商品价格风险）。本集团的主要金融工具包括货币资金、股权投资、债权投资、借款、应收账款、应付账款及可转换债券等。与这些金融工具相关的风险，以及本集团为降低这些风险所采取的风险管理政策如下所述：

董事会负责规划并建立本集团的风险管理架构，制定本集团的风险管理政策和相关指引并监督风险管理措施的执行情况。本集团已制定风险管理政策以识别和分析本集团所面临的风险，这些风险管理政策对特定风险进行了明确规定，涵盖了市场风险、信用风险和流动性风险管理等诸多方面。本集团定期评估市场环境及本集团经营活动的变化以决定是否对风险管理政策及系统进行更新。本集团的风险管理由风险管理委员会按照董事会批准的政策开展。风险管理委员会通过与本集团其他业务部门的紧密合作来识别、评价和规避相关风险。本集团内部审计部门就风险管理控制及程序进行定期的审核，并将审核结果上报本集团的审计委员会。

本集团通过适当的多样化投资及业务组合来分散金融工具风险，并通过制定相应的风险管理政策减少集中于单一行业、特定地区或特定交易对手的风险。

信用风险

信用风险是指交易对手未能履行合同义务而导致本集团产生财务损失的风险。本集团已采取政策只与信用良好的交易对手合作并在必要时获取足够的抵押品，以此缓解因交易对手未能履行合同义务而产生财务损失的风险。本集团只与被评定为等同于投资级别或以上的主体进行交易。评级信息由独立评级机构提供，如不能获得此类信息，本集团将利用其他可公开获得的财务信息及自身的交易记录对主要顾客进行评级。本集团持续监控所面临的风险敞口及众多交易对手的信用评级。信用风险敞口通过对交易对手设定额度加以控制，且每年经风险管理委员会复核和审批。

应收账款的债务人为大量分布于不同行业和地区的客户。本集团持续对应收账款债务人的财务状况实施信用评估，并在适当时购买信用担保保险。由于货币资金和衍生金融工具的交易对手是声誉良好并拥有较高信用评级的银行，这些金融工具信用风险较低。

流动性风险

流动性风险是指本集团在履行以交付现金或其他金融资产结算的义务时遇到资金短缺的风险。本集团下属成员企业各自负责其现金流量预测。集团下属财务公司基于各成员企业的现金流量预测结果，在集团层面监控长短期资金需求。本集团通过在大型银行业金融机构设立的资金池计划统筹调度集团内的盈余资金，并确保各成员企业拥有充裕的现金储备以履行到期结算的付款义务。此外，本集团与主要业务往来银行订立融资额度授信协议，为本集团履行与商业票据相关的义务提供支持。

汇率风险

本集团以人民币编制合并财务报表并以多种外币开展业务，因此面临汇率风险，该风险对本集团的交易及境外经营的业绩和净资产的折算均构成影响。若采用套期会计，本集团将记录相关套期活动并持续评估套期有效性。

- 对于境外经营净投资，本集团通过指定持有的外币净借款并使用外币互换及远期合同对境外经营因美元汇率波动而面临的大部分风险敞口进行套期。

- 对于本集团外汇交易形成的外汇风险净敞口，本集团的套期政策是寻求对预期交易的外汇风险进行80%~100%的套期（以24个月期限的远期合同为限）。

- 对于外币债务，本集团使用交叉货币利率互换对外币借款相关的汇率风险进行套期。

本集团预计，已进行的套期将持续有效，因此套期无效性不会对利润表构成重大影响。

利率风险

本集团的利率风险敞口主要源自人民币、美元、欧元和英镑的利率波动。为了对利率风险进行管理，本集团于董事会批准限额范围内通过使用利率衍生工具管理付息负债的固定利率及浮动利率敞口的比例。这些风险管理的措施有助于减少本集团财务业绩的波动程度。为便于业务操作及运用套期会计，本集团的政策旨在将固定利率借款占预计净借款的比例维持在40%~60%之间。本集团大部分现有利率衍生工具均被指定为套期工具且预计该类套期是有效的。

商品价格风险

本集团使用商品期货合约对特定商品的价格风险进行套期。所有商品期货合约均对预期在未来发生的原材料采购进行套期。本集团采用商品价格风险总敞口动态套期的策略，根据预期原材料采购的总敞口的变化动态调整期货合约持仓量，总敞口与期货持仓量所代表的商品数量基本保持一致（由于期货合约商品数量为整数，造成少量净敞口）。

2. 定量信息。

对金融工具产生的各类风险，企业应当按类别披露期末风险敞口的汇总数据。该数据应当以向内部关键管理人员提供的相关信息为基础。企业运用多种方法管理风险的，披露的信息应当以最相关和可靠的方法为基础。根据《企业会计准则第36号——关联方披露》，关键管理人员是指有权力并负责计划、指挥和控制企业活动的人员。

【例21】 某公司关于外汇风险敞口披露的示例如下：

本集团面临的外汇风险主要为美元汇率波动。除本集团的几个下属子公司以美元进行采购和销售外，本集团的其他主要业务活动以人民币计价结算。2×18年12月31日，除表12所述资产为美元计价外，本集团的资产及负债均为人民币计价。

表12   单位：百万元

	2×18年12月31日	2×17年12月31日
现金及现金等价物	×	×
应收账款	×	×
其他应收款	×	×
资产合计	×	×
应付账款	×	×
其他应付款	×	×
短期借款	×	×
负债合计	×	×

除上述基于向关键管理人员提供的信息披露的数据外，本准则还要求企业按照本准则的具体要求披露有关信用风险、流动性风险和市场风险的信息。

企业可以按总额和已扣除风险转移或其他分散风险交易后的净额进行披露。由于这些信息强调金融工具之间的联系，有助于财务报表使用者了解这些联系如何影响企业未来现金流量的性质、时间和不确定性。

企业还应当披露期末风险集中度信息。风险集中度来自具有相似特征并且受相似经济或其他条件变化影响的金融工具。识别风险集中度需要运用判断并应考虑企业的具体情况。风险集中度的披露可能包括：

①管理层确定风险集中度的说明。

②管理层确定风险集中度的参考因素（例如交易对手的信用评级、地理区域、货币种类、市场类型和所处的行业）。

③各风险集中度相关的风险敞口金额。

【例22】某公司有关金融工具风险集中度定量披露的示例如下：

不同行业及地区经济发展的不均衡以及经济周期的不同使得相关行业和地区的信用风险亦不相同。因某一行业或地区的授信客户具备某些共同经济特征，故授信在行业或地区维度上过于集中会增加信用风险。本公司主要通过客户授信环节的额度控制来统筹管理贷款和垫款的行业及地区信用风险集中度。

（1）发放贷款和垫款按行业类别分布情况如表13所示。

表13

单位：百万元

行业类别	2×18年12月31日	2×17年12月31日
制造业	21 320	19 275
批发及零售业	15 943	16 237
房地产业	10 692	12 838
交通运输业	8 253	7 735
服务业	5 217	8 269
建筑业	4 927	3 184
金融业	4 356	5 769
公共事业	2 148	2 582
个人	8 629	8 237
合计	81 485	84 126

（2）发放贷款和垫款按地区分布情况如表14所示。

表14 单位：百万元

地区分布	2×18年12月31日	2×17年12月31日
中国大陆	65 743	67 298
港澳台地区	5 673	6 245
北美	4 239	3 853
欧洲	3 267	2 941
其他国家和地区	2 563	3 789
合计	81 485	84 126

（二）信用风险披露

信用风险，是指金融工具的一方不履行义务，造成另一方发生财务损失的风险。

本准则对信用风险披露要求的结构如下：

信用风险披露的总体要求（第七十九条），包括：

1. 定性披露

  1.1 信用风险管理实务（第八十一条），主要包括：

    1.1.1 信用风险的评价方法

    1.1.2 对违约的界定

    1.1.3 对已发生减值的判定

  1.2 预期信用损失相关会计政策、估计和判断（第八十二条），主要包括：

    1.2.1 确定信用风险、预期信用损失、实际减值的方法、假设和参数

    1.2.2 计算预期信用损失时对前瞻性信息（如经济预测信息）的使用

    1.2.3 上述方法、假设的变动

2. 预期信用损失金额相关信息

2.1 预期信用损失金额本期变动（期初期末余额调节表）（第八十三条）

2.2 计提预期信用损失的金融工具的账面余额本期变动（第八十四条，作为对第八十三条披露内容的补充）

2.3 合同现金流量修改对预期信用损失的影响（第八十五条）

2.4 担保物和其他信用增级对预期信用损失的影响（第八十六条），主要包括：

    2.4.1 企业总信用风险敞口（不考虑信用增级）

    2.4.2 信用增级的情况

    2.4.3 信用增级降低信用损失的量化信息

3. 信用风险敞口相关信息

3.1 不同信用等级资产的风险敞口、不同信用等级上的风险集中度（第八十七条）

3.2 不适用本准则减值规定的金融工具信用风险敞口（第八十八条）

4. 其他有用信息

通过信用增级所确认资产（如担保物）相关信息（第八十九条）

下面对部分披露要求进行说明：

1. 信用风险管理实务。

企业应当披露与信用风险管理实务有关的下列信息：

（1）企业评估信用风险自初始确认后是否已显著增加的方法，以及下列信息：①根据金融工具确认计量准则第五十五条的规定，在资产负债表日只具有较低的信用风险的金融工具及其确定依据（包括适用该情况的金融工具类别）；②逾期超过30日，而信用风险自初始确认后未被认定为显著增加的金融资产及其确定依据。

（2）企业对违约的界定及其原因。企业披露内容可包括：①在定义违约时所考虑的定性和定量因素；②是否针对不同类型的金融工具应用不同的定义；③在金融资产发生违约后，关于"恢复率"（即恢复到正常状态的金融资产的数量）的假设。

（3）以组合为基础评估预期信用风险的金融工具的组合方法。

（4）确定金融资产已发生信用减值的依据。

（5）企业直接减记金融工具的政策，包括没有合理预期金融资产可以收回的迹象和已经直接减记但仍受执行活动影响的金融资产相关政策的信息。

（6）根据金融工具确认计量准则第五十六条的规定评估合同现金流量修改后金融资产的信用风险的，企业应当披露其信用风险的评估方法以及下列信息：①对于损失准备为整个存续期预期信用损失的金融资产，在发生合同现金流修改时，评估信用风险是否已下降，从而企业可以按照该金融资产未来12个月内预期信用损失金额确认计量其损失准备的情况；②对于上述金融资产，企业应当披露其如何监控后续该金融资产的信用风险是否显著增加，从而按照整个存续期预期信用损失的金额重新计量损失准备。

【例23】以一家银行为例，基于假设的信用风险管理实务，相关信息披露示例如下。

1. 信用风险显著增加。

当触发以下一个或多个定量、定性标准或上限指标时，本公司认为金融工具的信用风险已发生显著增加。

（1）定量标准。

在资产负债表日，剩余存续期违约概率较初始确认时对应相同期限的违约概率上升超过表15至表17中的临界值。

零售按揭贷款：

表 15

初始确认时整个存续期 违约概率区间	违约概率增加临界值 （超过该值则认为整个存续期违约概率显著增加）
≤a%	X‰
>a%且≤b%	Y‰
>b%且≤c%	Z‰
……	

其他零售产品：

表 16

初始确认时整个存续期 违约概率区间	违约概率增加临界值 （超过该值则认为整个存续期违约概率显著增加）
≤a%	X‰
>a%且≤b%	Y‰
>b%且≤c%	Z‰
……	

公司贷款：

表 17

初始确认时整个存续期 违约概率区间	违约概率增加临界值 （超过该值则认为整个存续期违约概率显著增加）
≤a%	X‰
>a%且≤b%	Y‰
>b%且≤c%	Z‰
……	

以一笔 25 年的零售按揭贷款为例。该贷款 5 年前初始确认，在

初始确认时该贷款的预计整个存续期违约概率为 3%，并且当时预计 5 年后（即当前的资产负债表日）该贷款的剩余存续期违约概率为 2.5%。如果现在预计该贷款的剩余存续期违约概率为 2.8%，则其预期违约概率增加了 0.3%。企业应对比该 0.3% 是否超过表 15 中 2.5% 所属概率区间所对应的临界值，若 0.3% 超过该临界值，则信用风险已显著增加。

(2) 定性标准。

对于零售贷款组合，如果借款人满足以下一个或多个标准：

- 银行给予借款人较短的还款宽限期
- 直接取消债务
- 展期
- 最近 3 个月中发生过欠款（本公司根据自身信用风险管理政策确定该期间的长度）

对于公司贷款，如果借款人被列入预警清单并且满足以下一个或多个标准：

- 信用利差显著上升
- 借款人出现业务、财务和经济状况的重大不利变化
- 申请宽限期或债务重组
- 借款人经营情况的重大不利变化
- 担保物价值变低（仅针对抵质押贷款）
- 出现现金流/流动性问题的早期迹象，例如应付账款/贷款还款的延期

(3) 上限指标。

如果借款人在合同付款日后逾期超过 30 天仍未付款，则视为该金融工具信用风险显著增加。

对所有零售业务金融工具，本公司每季度在组合层面评估其信用风险是否发生显著增加，该评估包含对前瞻性信息的考虑。对公

司贷款及资金业务相关的金融工具,本公司使用预警清单监控信用风险,并在交易对手层面进行定期评估。用于识别信用风险显著增加的标准由独立的信用风险小组定期监控并复核其适当性。

截至2×18年12月31日,本公司未将任何金融工具视为具有较低信用风险而不再比较资产负债表日的信用风险与初始确认时相比是否显著增加。

2. 违约及已发生信用减值资产的定义。

当金融工具符合以下一项或多项条件时,本公司将该金融资产界定为已发生违约,其标准与已发生信用减值的定义一致:

(1) 定量标准。

借款人在合同付款日后逾期超过90天仍未付款。

(2) 定性标准。

借款人满足"难以还款"的标准,表明借款人发生重大财务困难,包括:

- 借款人长期处于宽限期
- 借款人死亡
- 借款人破产
- 借款人违反合同中对债务人约束的条款(一项或多项)
- 由于借款人财务困难导致相关金融资产的活跃市场消失
- 债权人由于借款人的财务困难作出让步
- 借款人很可能破产
- 购入资产时获得了较高折扣、购入时资产已经发生信用损失

上述标准适用于本公司所有的金融工具,且与内部信用风险管理所采用的违约定义一致。违约定义已被一致地应用于本公司在预期信用损失计算过程中建立违约概率(PD)、违约风险敞口(EAD)及违约损失率(LGD)的模型。

当某项金融工具连续6个月都不满足任何违约标准时,本公司

不再将其视为处于违约状态的资产（即回调）。本公司根据历史数据分析了金融工具由回调再次进入违约状况的可能性，确定了6个月的观察期长度。

3. 以组合方式计量损失准备。

在按照组合方式计提预期信用损失准备时，本公司已将具有类似风险特征的敞口进行归类。

在进行分组时，本公司获取了充分的信息，确保其统计上的可靠性。当无法从内部获取足够信息时，本公司参照外部的补充数据用于建立模型。用于确定分组特征的信息以及补充数据列示如下：

零售贷款——组合计量

- 按照抵押率（贷款余额/抵押品价值）的区间
- 信用评级的区间
- 产品类型（例如，住宅/出租按揭贷款、透支、信用卡）
- 还款方式（例如，只付本金/利息）
- 额度使用率区间

公司贷款——组合计量

- 行业——外部数据（源自××研究所2×17年3月1日所作的研究）
- 担保物类型
- 信用评级区间
- 风险敞口的地理区域——外部数据（源自××研究所2×17年6月21日所作的研究）

以下敞口单项进行减值评估：

零售贷款

- 当前敞口金额超过500万元的第三阶段贷款
- 处于抵押品变现流程中的资产

公司贷款

- 第三阶段贷款
- 敞口金额超过 2 亿元的第二阶段贷款

信用风险小组定期监控并复核分组的恰当性。

4. 直接减记金融工具的政策。

当本银行执行了所有必要的程序后仍认为预期不能收回金融资产的整体或一部分时，则将其进行直接减记。表明预期不能收回款项的迹象包括：①强制执行已终止；②本公司的收回方法是接管并处置担保物，但预期担保物的价值无法覆盖全部本息。

本公司有可能直接减记仍然处于强制执行中的金融资产。2×18年12月1日，本公司已直接减记的资产对应的未结清的合同金额为人民币2.35亿元。本公司仍然力图全额收回合法享有的债权，但由于无法合理预期全额收回，因此进行部分直接减记。

5. 评估合同现金流量修改后金融资产信用风险的相关披露。

为了实现最大程度的收款，本公司有时会因商业谈判或借款人财务困难对贷款的合同条款进行修改。

这类合同修改包括贷款展期、免付款期，以及提供还款宽限期。基于管理层判断客户很可能继续还款的指标，本公司制定了贷款的具体重组政策和操作规程，且对该政策持续进行复核。对贷款进行重组的情况在中长期贷款的管理中最为常见。

当合同修改并未造成实质性变化且不会导致终止确认原有资产时，本公司在资产负债表日评估修改后资产的违约风险时，仍与原合同条款下初始确认时的违约风险进行对比。本公司对修改后资产的后续情况实施监控。本公司可能判断，经过合同修改信用风险已得到显著改善，因此相关资产从第三阶段或第二阶段转移至第一阶段，同时损失准备的计算基础由整个存续期预期信用损失转为12个月预期信用损失。资产应当经过至少连续6个月的观察达到特定标准后才能回调。2×18年12月31日,此类条款修改的金融资产的账面余额为人民币4.65亿元。

本公司使用特定模型持续监控合同条款修改的金融资产后续是否出现信用风险显著增加。

表18列示了以整个存续期预期信用损失计量损失准备的金融资产在本公司贷款重组活动中发生合同现金流修改的情况,以及这些修改对本公司业绩的影响。

表18   单位:亿元

	发放贷款和垫款
修改前的摊余成本	4.33
合同修改的净损失	0.56

在上述披露示例中,该集团对零售按揭贷款、其他零售产品和公司贷款确定信用风险是否显著增加采用了类似的判断标准。实务中,对于不同的产品或组合,信用风险显著增加的标准可能不同。在这种情况下,应根据实际情况进行披露。

另外,根据财务报表列报准则第三十九条规定,企业应当披露采用的重要会计政策和会计估计,并结合企业的具体实际披露其重要会计政策的确定依据和财务报表项目的计量基础,及其会计估计所采用的关键假设和不确定因素。考虑到金融工具从12个月预期信用损失转为整个存续期预期信用损失对于减值结果的潜在影响重大,如何定义信用风险显著增加在整个预期信用损失估计中是一个尤其重要的部分。因此,企业应按照财务报表列报准则的要求作出适当的披露。披露的性质取决于企业确定信用风险显著增加时采用的具体方法。对各种类型的组合产生的不同影响,需要不同程度的披露。

【例24】表19列示了改变判断信用风险显著增加时使用的违约

概率临界值对 2×18 年 12 月 31 日预期信用损失准备的影响。预期信用损失增加（正数）表示本公司将确认更多的损失准备。

表 19

初始确认时整个存续期违约概率区间	应用的实际临界值	临界值变动	对预期信用损失的影响	
			更低的临界值	更高的临界值
零售按揭贷款				
≤a%	×‰	[−/+×]‰	×	(×)
>a%且≤b%	×‰	[−/+×]‰	×	(×)
>b%且≤c%	×‰	[−/+×]‰	×	(×)
其他零售产品				
≤a%	×‰	[−/+×]‰	×	(×)
>a%且≤b%	×‰	[−/+×]‰	×	(×)
>b%且≤c%	×‰	[−/+×]‰	×	(×)
公司贷款				
≤a%	×‰	[−/+×]‰	×	(×)
>a%且≤b%	×‰	[−/+×]‰	×	(×)
>b%且≤c%	×‰	[−/+×]‰	×	(×)

2. 输入值、假设和估值技术。

企业应当披露金融工具确认计量准则第八章有关金融工具减值所采用的输入值、假设和估值技术等相关信息，具体包括：

（1）用于确定下列各事项或数据的输入值、假设和估计技术：①金融工具的信用风险自初始确认后是否已显著增加；②未来 12 个月内预期信用损失和整个存续期的预期信用损失的计量；③金融资产是否已发生信用减值。

（2）确定预期信用损失时如何考虑前瞻性信息，包括宏观经济信息的使用。

（3）报告期估计技术或重大假设的变更及其原因。

企业用于确定信用风险自初始确认后增加程度或衡量金融工具预期信用损失的假设和输入值，可能包括从企业内部历史信息或外部评级报告获得的信息以及关于金融工具的预期寿命和出售抵押品的时间的假设。

【例 25】 一家银行的相关信息披露示例如下：

1. 计量预期信用损失——对参数、假设及估计技术的说明。

根据信用风险是否发生显著增加以及资产是否已发生信用减值，本公司对不同的资产分别以 12 个月或整个存续期的预期信用损失计量损失准备。预期信用损失是违约概率（PD）、违约风险敞口（EAD）及违约损失率（LGD）三者的乘积折现后的结果。相关定义如下：

● 违约概率是指借款人在未来 12 个月或在整个剩余存续期，无法履行其偿付义务的可能性（违约的定义参见例 23）。

● 违约风险敞口是指，在未来 12 个月或在整个剩余存续期中，在违约发生时，本公司应被偿付的金额。例如，对于循环信贷协议，在违约发生时本公司已放款的贷款金额与合同限额内的预期提取金额之和视为违约风险敞口。

● 违约损失率是指本公司对违约敞口发生损失程度作出的预期。根据交易对手的类型、追索的方式和优先级，以及担保物或其他信用支持的可获得性不同，违约损失率也有所不同。

本公司通过预计未来各月份中单个敞口或资产组合的违约概率、违约损失率和违约风险敞口，来确定预期信用损失。本公司将这三者相乘并根据其存续（即没有在更早期间发生提前还款或违约的情况）的可能性进行调整。这种做法可以计算出未来各月的预期信用损失。再将各月的计算结果折现至资产负债表日并加总。预期信用损失计算中使用的折现率为初始实际利率或其近似值。

整个存续期违约概率是运用到期模型、以 12 个月违约概率推导而来。到期模型描述了资产组合整个存续期的违约情况演进规律。该模型基于历史观察数据开发，并适用于同一组合和信用等级下的所有资产。上述方法得到经验分析的支持。

[本例所示的基于到期信息由12个月违约概率进行推演的方法，是确定整个存续期违约概率的方法之一。其中，以历史数据为基础的到期分析覆盖了贷款从初始确认到整个存续期结束的违约变化情况；到期组合的基础是可观察的历史数据，并假定同一组合和信用等级的资产的情况相同。企业可根据实际情况选择合理方法。]

12个月及整个存续期的违约风险敞口根据预期还款安排确定，不同类型的产品将有所不同。

- 对于分期还款以及一次性偿还的贷款，本公司根据合同约定的还款计划确定12个月或整个存续期违约敞口，并针对预期借款人作出的超额还款和提前还款/再融资进行调整。

- 对于循环信贷产品，本公司使用已提取贷款余额加上"信用转换系数"估计剩余限额内的提款，来预测违约风险敞口。基于本公司的近期违约数据分析，这些假设因产品类型及限额利用率的差异而有所不同。

本公司根据对影响违约后回收的因素来确定12个月及整个存续期的违约损失率。不同产品类型的违约损失率有所不同。

- 对于担保贷款，本公司主要根据担保物类型及预期价值、强制出售时的折扣率、回收时间及预计的收回成本等确定违约损失率。

- 对于信用贷款，由于从不同借款人可回收金额差异有限，所以本公司通常在产品层面确定违约损失率。该违约损失率受到回收策略的影响，上述回收策略包括贷款转让计划及定价。

在确定12个月及整个存续期违约概率、违约敞口及违约损失率时应考虑前瞻性经济信息。考虑的前瞻性因素因产品类型的不同而有所不同。

本公司每季度监控并复核预期信用损失计算相关的假设，包括各期限下的违约概率及担保物价值的变动情况。

本报告期内，估计技术或关键假设未发生重大变化。

2. 预期信用损失模型中包括的前瞻性信息。

信用风险显著增加的评估及预期信用损失的计算均涉及前瞻性信息。本公司通过历史数据分析，识别出影响各资产组合的信用风险及预期信用损失的关键经济指标，包括利率、失业率、房价指数等。

这些经济指标及其对违约概率、违约敞口和违约损失率的影响，对不同的金融工具有所不同。本公司在此过程中应用了专家判断。本公司的经济学家团队每季度对这些经济指标进行预测，并提供未来五年经济情况的最佳估计。对于五年后至金融工具剩余存续期结束时的经济指标，本公司采用均值回归法，即认为经济指标在超过五年的期间内，趋向于长期保持平均值（如失业率水平），或长期保持平均增长率（如 GDP）。本公司通过进行回归分析确定这些经济指标历史上与违约概率、违约敞口和违约损失率之间的关系，并通过预测未来经济指标确定预期的违约概率、违约敞口和违约损失率。

除了提供基本经济情景外，本公司的经济学家团队也提供了其他可能的情景及情景权重。针对每一个主要产品类型分析、设定不同的情景，以确保考虑到指标非线性发展特征。本公司在每一个资产负债表日重新评估情景的数量及其特征。

本公司认为，在 2×18 年 1 月 1 日及 2×18 年 12 月 31 日，对于公司的所有贷款组合（甲组合和乙组合除外），应当考虑应用 3 种不同情景来恰当反映关键经济指标发展的非线性特征。对于甲组合和乙组合，本公司认为需要额外添加两个经济下行的情景。本公司结合统计分析及专家判断来确定情景权重，也同时考虑了各情景所代表的可能结果的范围。

本公司在判断信用风险是否发生显著增加时，使用了基准及其他情景下的整个存续期违约概率乘以情景权重,并考虑了定性和上限指标。本公司以加权的12个月预期信用损失(第一阶段)或加权的整个存续期预期信用损失(第二阶段及第三阶段)计量相关的损失准备。上述加权的信用损失是由各情景下预期信用损失乘以相应情景的权重计算得出。

与其他经济预测类似,对预计经济指标和发生可能性的估计具有高度的固有不确定性,因此实际结果可能同预测存在重大差异。本公司认为这些预测体现了集团对可能结果的最佳估计。

关于经济指标的假设

2×18年12月31日,用于估计预期信用损失的重要假设列示如表20所示。"基本"、"上升"及"下降"这三种情景适用于所有组合。"下降2"和"下降3"这两种情景仅适用于甲组合和乙组合。

表20

		2×19年	2×20年	2×21年	2×22年	2×23年
利率	基本	×%	×%	×%	×%	×%
	上升	×%	×%	×%	×%	×%
	下降	×%	×%	×%	×%	×%
	下降2	×%	×%	×%	×%	×%
	下降3	×%	×%	×%	×%	×%
失业率	基本	×%	×%	×%	×%	×%
	上升	×%	×%	×%	×%	×%
	下降	×%	×%	×%	×%	×%
	下降2	×%	×%	×%	×%	×%
	下降3	×%	×%	×%	×%	×%
房价指数	基本	×	×	×	×	×
	上升	×	×	×	×	×
	下降	×	×	×	×	×
	下降2	×	×	×	×	×
	下降3	×	×	×	×	×

续表

		2×19 年	2×20 年	2×21 年	2×22 年	2×23 年
国内生产总值	基本	×	×	×	×	×
	上升	×	×	×	×	×
	下降	×	×	×	×	×
	下降 2	×	×	×	×	×
	下降 3	×	×	×	×	×

2×18 年 12 月 31 日，分配至各项经济情景的权重列示如表 21 所示。

表 21

	基本	上升	下降	下降 2	下降 3
组合甲和乙	×%	×%	×%	×%	×%
所有其他组合	×%	×%	×%	无	无

2×18 年 1 月 1 日，用于估计预期信用损失的重要假设列示如表 22 所示。"基本"、"上升"及"下降"这三种情景适用于所有组合。"下降 2"和"下降 3"这两种情景仅适用于甲组合和乙组合。

表 22

		2×18 年	2×19 年	2×20 年	2×21 年	2×22 年
利率	基本	×%	×%	×%	×%	×%
	上升	×%	×%	×%	×%	×%
	下降	×%	×%	×%	×%	×%
	下降 2	×%	×%	×%	×%	×%
	下降 3	×%	×%	×%	×%	×%
失业率	基本	×%	×%	×%	×%	×%
	上升	×%	×%	×%	×%	×%
	下降	×%	×%	×%	×%	×%
	下降 2	×%	×%	×%	×%	×%
	下降 3	×%	×%	×%	×%	×%

续表

		2×18年	2×19年	2×20年	2×21年	2×22年
房价指数	基本	×	×	×	×	×
	上升	×	×	×	×	×
	下降	×	×	×	×	×
	下降2	×	×	×	×	×
	下降3	×	×	×	×	×
国内生产总值	基本	×	×	×	×	×
	上升	×	×	×	×	×
	下降	×	×	×	×	×
	下降2	×	×	×	×	×
	下降3	×	×	×	×	×

2×18年1月1日，分配至各项经济情景的权重列示如表23所示。

表23

	基本	上升	下降	下降2	下降3
组合甲和乙	×%	×%	×%	×%	×%
所有其他组合	×%	×%	×%	无	无

其他未纳入上述情景的前瞻性因素，如监管变化、法律变化的影响，也已纳入考虑，但不视为具有重大影响，因此并未据此调整预期信用损失。本公司按季度复核并监控上述假设的恰当性。

在参考上述披露示例时，企业应当考虑如何根据自身具体情况作出披露，例如，如何针对不同地区的情况作出不同假设。

上例出于示例的目的，假设了三种前瞻性宏观经济情景适用除两个组合以外的其他全部组合。实务中，企业须根据实际情况为每一个重大资产组合确定情景的数量和具体内容。

在上述披露示例中，管理层认为无需针对监管变化、法律变化额外调整损失准备（即"叠加"调整）。但如果在临近资产负债表日时发生了重大事件,且无法通过模型和参数适当地反映该事件的潜在影响,则可能需要作出重要的判断,并提供更多披露。

另外,根据财务报表列报准则第三十九条的规定,企业应当披露采用的重要会计政策和会计估计,并结合企业的具体实际披露其重要会计政策的确定依据和财务报表项目的计量基础,及其会计估计所采用的关键假设和不确定因素。因此,企业应考虑披露影响预期信用损失准备的重要假设及其敏感性分析,示例如下:

【例26】某银行对影响预期信用损失准备的重要假设及其敏感性分析的披露。

敏感性分析:

(1) 零售贷款组合。

①房价指数:对按揭贷款中担保物的估值具有重大影响;

②失业率:无论贷款合同有担保或无担保,对借款人按合同约定还款的能力具有一定影响。

(2) 公司贷款组合。

①国内生产总值:对公司业绩和担保物估值具有重大影响;

②利率:对公司发生违约的可能性具有一定影响。

2×18年12月31日,假设本银行使用的经济指标发生合理变动而导致的预期信用损失变动情况列示如表24和表25所示(例如因基本、上升、下降这几种情景中预计失业率增加×%而导致的预期信用损失变动)。

零售贷款组合:

表24
单位:万元

房价指数	失业率		
	-×%	无变动	+×%
+×%	×	×	×
无变动	×	—	×
-×%	×	×	×

公司贷款组合：

表25　　　　　　　　　　　　　　　　　　　　　　　　　　　　单位：万元

国内生产总值	利率		
	-×%	无变动	+×%
+×%	×	×	×
无变动	×	—	×
-×%	×	×	×

以上所披露的敏感性关键驱动因素仅为示例，企业应当分析自身实际情况，确定相关参数进行敏感性分析。尤其应当注意的是，虽然未在以上示例中列示，但企业可能需要分析预期信用损失对各项经济情景权重变动的敏感性。

此外，企业还应当考虑该披露的详细程度是否适宜，并可以根据不同组合的特点以及预期信用损失计算中各因素的影响程度来调整披露的详细程度。

3. 损失准备期初余额与期末余额的调节表。

企业应当以表格形式按金融工具的类别编制损失准备期初余额与期末余额的调节表，分别说明下列项目的变动情况：

（1）按相当于未来12个月预期信用损失的金额计量的损失准备。

（2）按相当于整个存续期预期信用损失的金额计量的下列各项的损失准备：①自初始确认后信用风险已显著增加但并未发生信用减值的金融工具；②对于资产负债表日已发生信用减值但并非购买或源生的已发生信用减值的金融资产；③根据金融工具确认计量准则第六十三条的规定计量减值损失准备的应收账款、合同资产和租赁应收款。

（3）购买或源生的已发生信用减值的金融资产的变动。除调节表外，企业还应当披露本期初始确认的该类金融资产在初始确认时未折现的预期信用损失总额。

4. 金融工具账面余额变动情况。

为帮助财务报表使用者了解企业按照本准则第八十三条规定披露的损失准备变动信息，企业应当对本期发生损失准备变动的金融工具账面余额显著变动情况作出说明。这些说明信息应当包括定性和定量信息，并应当对按照本准则第八十三条规定披露损失准备的各项目分别单独披露，具体可包括下列情况下发生损失准备变动的金融工具账面余额显著变动信息：

（1）本期因购买或源生的金融工具所导致的变动。

（2）未导致终止确认的金融资产的合同现金流量修改所导致的变动。

（3）本期终止确认的金融工具（包括直接减记的金融工具）所导致的变动。对于当期已直接减记但仍受催收活动影响的金融资产，还应当披露尚未结算的合同金额。

（4）因金融资产在"未来12个月预期信用损失"和"整个存续期内预期信用损失"两个类别之间转换而导致的在每个类别内的账面余额变动。

【例27】某集团影响损失准备变动的抵押贷款账面余额重大变动包括：

——购入某主要贷款组合导致住宅抵押贷款账面余额增加×%，并相应导致12个月预期信用损失的增加。

——本地房产市场大跌后，直接减记某资产组合人民币×元，导致有客观证据表明减值的金融资产的损失准备减少人民币×元。

——某地区的预期失业率上升导致按整个存续期预期信用损失计提损失准备的金融资产净增加，导致整个存续期预期信用损失准备净增加人民币×元。

对抵押贷款账面余额重大变动的进一步解释如表27所示。

表 27   单位：百万元

抵押贷款——账面余额	未来12个月预期信用损失	整个存续期预期信用损失（组合评估）	整个存续期预期信用损失（单项评估）	已发生信用减值金融资产（整个存续期预期信用损失）
2×18年1月1日的账面余额	×	×	×	×
转入整个存续期预期信用损失的单项金融资产	(×)	—	×	—
转入已发生信用减值的金融资产的单项金融资产	(×)	—	(×)	×
从已发生信用减值的金融资产转回的单项金融资产	×	—	×	(×)
转入整个存续期预期信用损失的基于组合评估的金融资产	(×)	×	—	—
购买或源生的新金融资产	×	—	—	—
直接减记的金融资产	—	—	(×)	(×)
终止确认的金融资产	(×)	(×)	(×)	(×)
未导致终止确认的修改产生的变动	(×)	—	(×)	(×)
其他变动	×	×	×	×
2×18年12月31日的账面余额	×	×	×	×

5. 未导致终止确认的金融资产合同现金流量修改。

为有助于财务报表使用者了解未导致终止确认的金融资产合同现金流量修改的性质和影响，及其对预期信用损失计量的影响，企业应当披露下列信息：①企业在本期修改了金融资产合同现金流量，且修改前损失准备是按整个存续期预期信用损失金额计量的，应当披露修改或重新议定合同前的摊余成本及修改合同现金流量的净利得或净损失；②对于之前按照整个存续期内预期信用损失的金额计量了损失准备的金融资产，而当期按照相当于未来12个月内预期信用损失的金额计量该金融资产的损失准备的，应当披露该金融资产在资产负债表日的账面余额。

6. 担保物或其他信用增级。

为有助于财务报表使用者了解担保物或其他信用增级对预期信用损失金额的影响，对于适用金融工具确认计量准则减值规定的金融工具，企业应当按照金融工具的类别，遵循本准则第八十六条的规定披露下列信息：

（1）在不考虑可利用的担保物或其他信用增级的情况下，企业在资产负债表日的最大信用风险敞口。

（2）作为抵押持有的担保物和其他信用增级的描述，包括：

①所持有担保物的性质和质量的描述；

②本期由于对方信用恶化或担保政策变更，导致担保物或信用增级的质量发生显著变化的说明；

③由于存在担保物而未确认损失准备的金融工具的信息。

（3）企业在资产负债表日持有的担保物和其他信用增级为已发生信用减值的金融资产作抵押的定量信息（例如对担保物和其他信用增级降低信用风险程度的量化信息）。

企业既无须披露关于担保物和其他信用增级公允价值的信息，也无须对预期信用损失计算中包含的担保物的价值准确地量化。

担保物和其他信用增级的描述可以包含以下信息：

①担保物和其他信用增级的主要类型；

②持有的担保物和其他信用增级的数量及其在损失准备方面的作用；

③评估和管理担保物和其他信用增级的政策和流程；

④担保物和其他信用增级交易对手的主要类型及其信用等级。

7. 最大信用风险敞口。

对于每一类别的金融工具，企业应当披露在不考虑可利用的担保物或其他信用增级的情况下，企业在资产负债表日的最大信用风险敞口的金额。金融工具的账面价值能代表最大信用风险敞口的，无需提供此项披露。最大信用风险敞口的来源也包括企业未在资产负债表中确认的金融工具（如不可撤销的贷款承诺、财务担保）的信用风险敞口。

产生信用风险的交易，以及相应的最大信用风险敞口的某些情况示例如下：

（1）向客户提供信用或在其他机构中存放款项，其最大信用风险敞口为相关金融资产的账面价值。

（2）签订衍生工具合同，例如外汇远期、利率互换以及信用衍生工具。对于以公允价值计量的衍生工具，企业在资产负债表日面临的最大信用风险敞口等于其账面价值。

（3）提供财务担保。已提供财务担保的最大信用风险敞口等于须履行担保时企业必须支付的最大金额（无论履行担保的可能性如何）。该金额可能显著大于已作为负债确认的金额。

（4）对于在融资额度提供期内不可撤销的或只有当重大不利变化出现时才可撤销的贷款承诺，如果该贷款承诺不能以现金或其他金融资产进行净额结算（例如，银行必须提供贷款全额，而不是仅向企业支付承诺利率和市场利率的差异），则其最大信用风险敞口是承诺的全部金额。这是因为任何未支取的金额在未来是否支取具有不确定性。因此，贷款承诺的最大信用风险敞口金额可能显著大于已确认的负债金额。

【例28】某集团有关金融工具信用风险和最大信用风险敞口的披露示例如下：

信用风险

信用风险是指因交易对手或债务人未能履行其全部或部分付款义务而造成本集团发生损失的风险。信用风险包括诸如由于整体宏观经济陷入衰退而导致损失的风险。本集团信贷业务主要向各类客户提供贷款、承兑、担保及其他信贷产品，并因此承担信用风险。

信用风险是本集团业务经营所面临的重大风险之一。

董事会对本集团的信用风险管理承担最终责任。董事会负责审议及批准信用风险管理政策,授权风险管理委员会对信用风险管理实施的有效性进行日常监督;审议和批准风险管理委员会提交的信用风险评估报告并对集团信用风险状况作出评价。风险管理委员会定期召开会议以审阅分析本集团的信贷质量、风险集中度和压力测试等议题,并按季度向董事会报送信用风险评估报告。

信用风险敞口

本集团的信用风险敞口包括涉及信用风险的资产负债表表内项目和表外项目。在资产负债表日,本集团金融资产的账面价值已代表其最大信用风险敞口。资产负债表表外的最大信用风险敞口情况如表28所示(不考虑可利用的担保物或其他信用增级)。

表28　　　　　　　　　　　　　　　　　　　　　　　　　　　单位:百万元

资产负债表表外项目	2×18年12月31日	2×17年12月31日
担保	5 347	6 053
不可撤销的贷款承诺	9 988	10 068
其他信用承诺	2 766	2 919
合计	18 101	19 040

【例29】某公司是一家拥有庞大客户群的上市零售企业。客户按照公司的标准信用条款购买商品,公司同时向某些主要客户购买其他商品。有关其应收款项最大信用风险敞口的披露如表29所示。

表29　　　　　　　　　　　　　　　　　　　　　　　　　　　单位:百万元

	2×17年12月31日	2×16年12月31日
应收款项账面余额	365 500	323 700
坏账准备	(14 620)	(12 948)

续表

	2×17年12月31日	2×16年12月31日
账面价值	350 880	310 752
应付客户的金额	(75 500)	(62 250)

本公司与客户订立协议，只有在客户发生拖欠的情况下，应付客户的金额才可以与应收客户的金额进行抵销。因此，本公司在每一资产负债表日面临的最大信用风险敞口为应向客户收取的总金额减去坏账准备后的金额。由于应付款项在资产负债表内不可抵销，因此该最大信用风险敞口未扣减应付客户的金额。

8. 重大信贷风险集中度。

本准则第八十七条要求披露关于资产负债表日企业的信用风险敞口及重大信用风险集中度的信息。当一系列交易对手位于同一地理区域或从事类似活动且具有类似的经济特征，从而导致其履行合同义务的能力受到经济或其他状况变化的类似影响时，则存在信用风险集中。企业应当提供有关信息，以便财务报表使用者能够了解企业是否存在具有某种共同特征、对企业整体具有重大影响的金融工具组合（如同一地区、行业或发行人类型的金融资产）。

如果企业根据金融工具确认计量准则第四十八条，以组合为基础评估信用风险是否显著增加，则可能无法将确认整个存续期预期信用损失的单项金融资产的账面余额或者贷款承诺和财务担保合同的信用风险敞口分配至各个信用风险等级。在该情况下，企业应将本准则第八十七条要求应用于能够直接分配至某一信用风险等级的金融工具，并将在组合基础上计量整个存续期预期信用损失的金融工具的账面余额单独披露（即不分配至某一等级）。

按照本准则第八十七条所披露信息的风险等级，应与企业为内部信用风险管理目的而向关键管理人员内部报告时所使用的风险等

十、与金融工具相关的风险披露

级一致。但是，获取信用风险等级信息不可行或者成本过高，并且企业按照金融工具确认计量准则第五十三条规定采用逾期信息评估自初始确认后信用风险是否显著增加时，企业应提供对这些金融资产基于逾期情况的分析。

【例30】说明了按照本准则第八十七条的规定，披露企业的信用风险敞口和重大信用风险集中度信息的一些方法（见表30至表32）。

【例30】

表30 单位：百万元

内部评级	按内部评级进行信用风险分级的消费贷款信贷风险敞口			
	消费者——信用卡		消费者——汽车贷款	
	账面余额		账面余额	
	按整个存续期预期信用损失计量损失准备	按未来12个月预期信用损失计量损失准备	按整个存续期预期信用损失计量损失准备	按未来12个月预期信用损失计量损失准备
1~2	×	×	×	×
3~4	×	×	×	×
5~6	×	×	×	×
7	×	×	×	×
合计：	×	×	×	×

表31 单位：百万元

外部评级	按外部评级进行信用风险分级的企业贷款信贷风险敞口			
	企业——设备		企业——建设	
	账面余额		账面余额	
	按整个存续期预期信用损失计量损失准备	按未来12个月预期信用损失计量损失准备	按整个存续期预期信用损失计量损失准备	按未来12个月预期信用损失计量损失准备
AAA~AA	×	×	×	×
A	×	×	×	×
BBB~BB	×	×	×	×

续表

按外部评级进行信用风险分级的企业贷款信贷风险敞口				
外部评级	企业——设备		企业——建设	
	账面余额		账面余额	
	按整个存续期预期信用损失计量损失准备	按未来12个月预期信用损失计量损失准备	按整个存续期预期信用损失计量损失准备	按未来12个月预期信用损失计量损失准备
B	×	×	×	×
CCC ~ CC	×	×	×	×
C	×	×	×	×
D	×	×	×	×
合计	×	×	×	×

表 32　　　　　　　　　　　　　　　　　　　　　　　　　　　　单位：百万元

按违约概率进行信用风险分级的公司贷款信贷风险敞口				
违约概率	公司——无担保		公司——有担保	
	账面余额		账面余额	
	按整个存续期预期信用损失计量损失准备	按未来12个月预期信用损失计量损失准备	按整个存续期预期信用损失计量损失准备	按未来12个月预期信用损失计量损失准备
0.00 ~ 0.10	×	×	×	×
0.11 ~ 0.40	×	×	×	×
0.41 ~ 1.00	×	×	×	×
1.01 ~ 3.00	×	×	×	×
3.01 ~ 6.00	×	×	×	×
6.01 ~ 11.00	×	×	×	×
11.01 ~ 17.00	×	×	×	×
17.01 ~ 25.00	×	×	×	×
25.01 ~ 50.00	×	×	×	×
50.01 +	×	×	×	×
合计	×	×	×	×

【例31】甲汽车制造企业为经销商和终端客户提供融资。甲企

业将其经销商融资和消费者融资分别作为单独的金融工具类别予以披露,并对其应收账款应用简化方法,即损失准备总是以整个存续期预期信用损失计量。表33为根据简化方法进行风险披露的示例。

表33   单位:百万元

	应收账款逾期天数				
	未逾期或逾期30日以内(含30日)	30~60日(含60日)	60~90日(含90日)	90日以上	合计
经销商融资					
预期信用损失率	0.10%	2%	5%	13%	
估计发生违约的账面余额	20 777	1 416	673	235	23 101
整个存续期预期信用损失	21	28	34	31	114
消费者融资					
预期信用损失率	0.20%	3%	8%	15%	
估计发生违约的账面余额	19 222	2 010	301	154	21 687
整个存续期预期信用损失	38	60	24	23	145

9. 贷款承诺和财务担保合同。

对于贷款承诺和财务担保合同,损失准备应确认为一项负债。企业应将关于金融资产损失准备变动的信息披露与关于贷款承诺和财务担保合同损失准备变动的信息披露区分开来。但是,如果一项金融工具同时包含贷款(即金融资产)和未使用的承诺(即贷款承诺)部分,则企业将无法把贷款承诺成分产生的预期信用损失与金融资产成分产生的预期信用损失单独区分开来。据此,贷款承诺的预期信用损失应与金融资产的损失准备一同确认。如果该两项预期信用损失的合计数超过金融资产的账面余额,则预期信用损失应当确认为一项准备(负债)。

(三）流动性风险披露

流动性风险，是指企业在履行以交付现金或其他金融资产的方式结算的义务时发生资金短缺的风险。

1. 到期期限分析。

（1）总体要求。

本准则规定，企业应当披露金融负债按剩余到期期限进行的到期期限分析，以及管理这些金融负债流动性风险的方法：①对于非衍生金融负债（包括财务担保合同），到期期限分析应当基于合同剩余到期期限；②对于衍生金融负债，如果合同到期期限是理解现金流量时间分布的关键因素（如剩余期限为5年的利率互换），到期期限分析应当基于合同剩余到期期限。

对于包含嵌入衍生工具的混合金融工具，尽管应当按照金融工具确认计量准则确定是否需要将嵌入衍生工具进行分拆，但在披露上述到期期限分析时，应当将包含嵌入衍生工具的混合金融工具整体视为非衍生金融负债进行披露。

如果有关衍生金融负债合同到期日的信息对了解现金流量的时间分布并非至关重要，则无需披露其合同到期期限分析。例如，企业经常买卖衍生工具（如金融机构交易账户内的衍生金融负债），反映合同的到期日可能对了解现金流量的时间分布并非至关重要，因为衍生金融负债可能被转让（例如买入的期货合约在亏损状态下平仓），而不是在合同到期时通过支付或收取工具规定的合同现金流量结算。在这种情况下，企业仍须提供衍生金融负债的到期期限分析，但该分析可按另外的基础列报。例如，可以基于预计的交易日，或者基于企业预计将在资产负债表日后的短时间内进行处置时需要支付的账面价值（即公允价值），或者基于其在资产负债表日列报的公允价值。

(2) 时间段的确定。

企业在披露到期期限分析时,应当运用职业判断划分适当的时间段。企业可以但不限于按下列时间段进行到期期限分析:①一个月以内(含本数,下同);②一个月至三个月以内;③三个月至一年以内;④一年至五年以内;⑤五年以上。

由于定量披露应基于企业向关键管理人员提供的信息,因此所披露的时间段应与内部报告的时间段相一致。某些企业可能需要采用比其他企业更多的时间段。但无论如何划分时间段,企业均应通过考虑其流动性需求的相应时间,来评价其流动性披露是否提供了有关流动性需求的充分信息。例如,企业可能有在一个月之内到期的重大支付义务,在这种情况下,将第一年内所有支付义务归总至同一个时间段并不恰当。

债权人可以选择收回债权时间的,债务人应当将相应的金融负债列入债权人可以要求收回债权的最早时间段内。例如,对于银行来说,活期存款应包括在存款持有方可要求银行进行偿付的最早时间段内。对于期权来说,持有方可随时行使的美式签出期权应在持有方可行使该期权的最早时间段内披露,而持有方仅在到期日才可行使的欧式期权则应归入到期日所在的时间段内。当交易对手对何时支付具有选择权时,流动性披露应当基于对企业来说"最坏"的情况,即交易对手可要求企业进行偿付的最早日期。例如,未使用的贷款承诺应归入可被要求支取的最早日期的时间段内。同样,对于财务担保合同形成的金融负债,担保人应当将最大担保金额列入相关方可以要求支付的最早时间段内。金融工具如要求分期付款,债务人应当把每期将支付的款项列入相应的最早时间段内。

如果企业发行被分类为金融负债的永续债务,企业应当考虑如何将期限为永续的现金流量纳入到期期限分析。企业还应当通过额外披露说明在永续工具下负有永续支付利息现金流量的义务,并对该永续工具的关键条款（如利率和名义金额）进行描述，以便于财务报表使用者更好地了解企业的流动性风险敞口。

（3）披露金额的确定。

企业在披露金融负债到期期限分析时，应将按照本准则规定所披露的金额列入各时间段。列入各时间段内的金融负债金额，应当是未经折现的合同现金流量。例如，通过支付现金方式购买金融资产的远期协议中约定的价格、"付浮动—收固定"且以净现金结算的利率互换形成的净额、预付以总现金流量结算的衍生金融工具合同金额（如货币互换）、贷款承诺总额等。这些未折现的现金流量可能不同于资产负债表所列示的金额。

当应付金额不固定时，应当根据资产负债表日存在的情况确定披露的金额。如果应付金额随着指数的变化而变化，披露的金额可基于资产负债表日指数的水平来确定。

【例32】某公司有关金融负债和表外担保项目按资产负债表日的合同剩余期限列示的应付现金流量如表34所示。表中披露的金融负债金额为未经折现的现金流量，因而可能与资产负债表中的账面价值有所不同。

表34 单位：百万元

	即时偿还	1个月以内	1~3个月	3个月~1年	1~5年	5年以上	总额
非衍生金融负债：							
应付票据	4 513	792	474	122	9	—	5 910
借款	5 055	2 352	3 961	1 982	2 111	279	15 740
应付债券	—	—	271	646	2 153	395	3 465
非衍生金融负债小计	9 568	3 144	4 706	2 750	4 273	674	25 115
衍生金融工具	—	164	276	481	586	216	1 723
担保		99	66	250	75	22	512
金融负债和或有负债总额	9 568	3 407	5 048	3 481	4 934	912	27 350

注1：本公司持有的衍生工具均按净额结算。
注2：本公司对外提供担保的最大担保金额按照相关方能够要求支付的最早时间段列示。

2. 流动性风险管理。

本准则并不要求企业在所有情况下披露金融资产的到期期限分析。有关到期期限分析披露的要求仅适用于金融负债。但是，当企业将所持有的金融资产作为流动性风险管理的一部分（例如，根据企业的流动性需求持有一部分金融资产，这部分金融资产易于出售变现，以满足企业偿付金融负债现金流出的需求），且披露金融资产的到期期限分析使财务报表使用者能够恰当地评估企业流动性风险的性质和范围时，企业应当披露金融资产的到期期限分析。

企业在披露如何管理流动性风险时，也应披露可能考虑的其他因素。这些因素包括但不限于以下方面：企业是否拥有已承诺的贷款额度或其他授信额度；是否在中央银行有存款以备流动性之需；是否有多样化的资金来源；是否有资产或筹资来源方面的重大流动性集中情况；是否就管理流动性风险建立了内部控制程序和应急方案；是否有包含加速偿还（如在企业信用评级下降时）条款的工具；是否有协议约定必要时追加担保物（如为衍生交易追加保证金）；是否有协议约定允许企业选择以交付现金、其他金融资产或其自身权益工具来结算负债；是否约定交易结算遵循"总互抵协议"等。

（四）市场风险披露

金融工具的市场风险，是指金融工具的公允价值或未来现金流量因市场价格变动而发生波动的风险，包括汇率风险、利率风险和其他价格风险。

汇率风险，是指金融工具的公允价值或未来现金流量因外汇汇率变动而发生波动的风险。汇率风险可源于以记账本位币之外的外币进行计价的金融工具。

利率风险，是指金融工具的公允价值或未来现金流量因市场利率变动而发生波动的风险。利率风险可源于已确认的计息金融工具和未确认的金融工具（如某些贷款承诺）。

其他价格风险，是指汇率风险和利率风险以外的市场价格变动而发生波动的风险，无论这些变动是由与单项金融工具或其发行方有关的因素引起的，还是由与市场内交易的所有类似金融工具有关的因素引起的。其他价格风险可源于商品价格、股票市场指数、权益工具价格以及其他风险变量的变化。

编制市场风险敏感性分析的披露信息可以遵循下列步骤：

1. 识别风险来源。

需要识别企业面临的所有市场风险，包括汇率风险、利率风险和其他价格风险。

2. 确定资产负债表日的风险敞口及其影响。

本准则要求识别在资产负债表日其公允价值或现金流量受风险因素变化影响的所有金融工具。对于在资产负债表日已确认的金融工具，如果其现金流量根据合同规定与某一变量相连结，或者其公允价值取决于某一变量，且该变量的变化会影响损益或所有者权益的，企业应将该已确认金融工具纳入敏感性分析。

某些金融工具既不影响损益也不影响所有者权益。例如，以企业记账本位币计价、以摊余成本计量的固定利率债务工具，该工具相关利率的变动不会影响损益或所有者权益。又如，根据本准则的规定分类为权益工具的金融工具发行方不再重新计量，既不会影响损益也不会影响所有者权益。这些金融工具无需纳入敏感性分析。

3. 确定相关风险变量的合理可能变动。

企业确定何为相关风险变量的合理可能变动，应考虑企业经营所处的经济环境以及进行评估的时间段。在某一环境下相关风险变量的合理可能变动可能不同于在另一环境下的变动。企业须判断变动的合理范围，且合理可能变动不应包括罕见的"最坏的情况"或"压力测试"。对于相关风险变量的合理可能变动，企业应以本次披露至下一次披露(通常是下一个年度资产负债表日)的期间为时间框架进行评估。

由于合理可能变动的范围较广,因此企业无须披露该范围内的每一变动,仅披露在合理可能变动范围上下限内的变动的影响即可。

4. 确定披露中的适当汇总水平。

企业应汇总敏感性分析的结果以在更大程度上反映企业对市场风险的整体敏感性,但不应将来自重大不同经济环境的风险敞口的不同特征的信息汇总。例如,对面临恶性通货膨胀地区和低通货膨胀地区的市场风险敞口,企业应当分地区进行敏感性分析。对具有重大汇率风险敞口的每一种货币,应当分币种进行敏感性分析。

企业应当提供整个企业业务的敏感性分析,但是对不同类型的金融工具应当提供不同类型的敏感性分析。例如,以本币计价的金融工具和以外币计价的金融工具由于面对的风险敞口不同,应当分别进行敏感性分析。

企业可以根据内部管理风险的方式对业务的不同部分提供不同类型的敏感性分析。例如,一家金融机构可能包括零售银行分部和投资银行分部,并在投资银行分部使用风险价值分析(VaR)进行内部风险管理。企业可以选择对零售银行分部提供传统敏感性分析,对投资银行分部提供风险价值分析。但是,在这种情况下,企业需要审慎考虑如何处理这两个分部之间的交易和风险敞口,以避免披露产生误导。

5. 计算和列报敏感性分析。

企业应披露,假设相关风险变量的合理可能变动应用于资产负债表日的风险敞口时,这些变动对损益和所有者权益的影响。企业无须确定在相关风险变量的所有假设情况下对当期损益和所有者权益的影响金额。但是,企业应当就资产负债表日存在的风险敞口,披露如果相关风险变量在该日发生了合理可能变动而对损益和所有者权益的影响。例如,如果年末企业有一项浮动利率债务,企业应当假定利率在合理可能的范围内变动,并披露其对当期损益(即利息费用)的影响。

企业可以对损益以及所有者权益中的不同项目分别披露敏感性分析。企业也可针对对其具有重大利率风险敞口的每种货币分别披露利率风险的敏感性分析。损益的敏感性分析应与所有者权益的敏感性分析分开披露。

6. 提供额外披露。

本准则第九十七条规定,按照第九十五条或第九十六条对敏感性分析的披露不能反映金融工具市场风险的(例如,期末的风险敞口不能反映当期的风险状况),企业应当披露这一事实及其原因。例如:

(1)金融工具包含了其影响不能由敏感性分析明显反映出来的条款和条件(如金融工具的价值不仅由敏感性分析所选风险变量决定,还由其他变量决定)。在这种情况下,额外的披露可能包括金融工具的条款和条件、期权被行权后对损益的影响以及企业如何对风险进行管理。

(2)金融资产的流动性低,在交易量少或缺少交易对手的情况下,所计算的损益变动很难实现。在这种情况下,额外的披露可能包括金融资产缺乏流动性的原因以及企业如何对风险进行管理。

(3)企业对某项资产持有量大,可按照市场报价的折价或溢价进行出售。在这种情况下,额外的披露可能包括证券的性质、持有比例、对损益的影响以及企业如何对风险进行管理。

十一、金融资产转移披露

（一）披露范围

出于不同的目标，本准则中有关金融资产转移的披露中涉及的"金融资产转移"和"继续涉入"的概念不同于金融资产转移准则中的概念。

1. 金融资产转移。

本准则所述的"金融资产转移"包含两种情形：（1）企业将收取金融资产现金流量的合同权利转移给另一方；（2）企业保留了收取金融资产现金流量的合同权利，并承担将收取的现金流量支付给一个或多个收款方的合同义务。这种情形通常被称为"过手协议"。

金融资产转移准则第六条中定义的"金融资产转移"也包含两种情形，第一种情形与本准则中的要求一致，但是对于第二种情形，还要求该"过手协议"若作为金融资产转移处理，必须同时满足该条第（二）项规定的3个条件。

可以看出，本准则对于"金融资产转移"的定义比金融资产转移准则更为宽泛。对于未满足3个条件的"过手协议"，尽管不是金融资产转移准则定义的"金融资产转移"，但属于本准则定义的"金融资产转移"，需进行相应的披露。这是因为金融资产转移准则规范的是终止确认问题，要防止形式上被转移而实质上未转移的资产出表；而本准则规范的是披露问题，要通过充分的披露让报表使用者了解转移（包括形式上的转移）的金融资产和确认的相关负债的关系。

2. 继续涉入。

本准则所述的"继续涉入"，是指企业保留了已转移金融资产中内在的合同权利或义务,或者取得了与已转移金融资产相关的新合同权利或义务。常规声明和保证、以公允价值回购已转移金融资产的合同,以及同时满足金融资产转移准则中三个条件的"过手协议"不构成继续涉入。常规声明和保证是指企业为避免转让无效而作出的陈述,包括转移的真实性以及合理、诚信和公平交易等原则方面的陈述。例如,企业在合同中承诺:其向资产接收方提供的资料、单据及信息是有效、真实、准确且完整的,没有遗漏任何重要信息。

而在金融资产转移准则中,对于既没有转移也没有保留金融资产所有权上几乎所有的风险和报酬,且保留了对该金融资产控制的情形,属于该准则所指的"继续涉入"。

本准则定义的"继续涉入"情形(企业保留了已转移金融资产中内在的合同权利或义务,或者取得了与已转移金融资产相关的新合同权利或义务)在金融资产转移准则中可能被认定为转移了金融资产所有权上几乎所有风险和报酬、保留了几乎所有风险和报酬、既没有转移也没有保留几乎所有风险和报酬三种情况。而只有第三种情况才有可能符合该准则的"继续涉入"定义。因此本准则定义的"继续涉入"也比金融资产转移准则的定义更为宽泛。这是因为本准则的目的是让报表使用者了解企业保留的风险敞口。企业只要保留了已转移金融资产中内在的合同权利或义务,或者取得了与已转移金融资产相关的新合同权利或义务,就可能有风险敞口。

本准则所述的"继续涉入"是以企业自身财务报告为基础进行考虑的。例如,子公司向非关联的第三方转让一项金融资产,而其母公司对该金融资产存在继续涉入,则子公司在自身财务报表中确定是否继续涉入已转移金融资产时,不应当考虑母公司的涉入;母公司在合并财务报表中确定是否继续涉入已转移金融资产时，应当考虑自身以及集团其他成员对子公司已转移金融资产的继续涉入情况。"继续涉入"可能是源自于转出方与转入方签订的转让协议，也可能是源于与第三方单独签订的与转让相关的协议。但是，如果企业对已转移金融资产的未来业绩不享有任何利益，也不承担与已转移金融资产相关的任何未来支付义务，则不形成继续涉入。

企业，尤其是金融机构，在金融资产转移中，往往还会就被转移金融资产提供相应的服务，收取一定的服务费。在这种情况下，企业应当分析该服务合同是否构成本准则定义的继续涉入。例如银行转让贷款后因提供后续贷款回收及转付服务而收取服务费的情形。如果该服务费的收取金额是以贷款实际回收和转付的金额为依据计算，则该项新的合同权利与已转移贷款相关，构成继续涉入。如果服务费的收取与是否成功回收和转付贷款以及回收和转付的金额和时间无关，则该项新的合同权利与已转移贷款无关，不构成继续涉入。

从本准则关于"金融资产转移"和"继续涉入"的定义，以及金融资产转移准则关于金融资产终止确认的条件可以看出，尚在资产负债表中的金融资产可能因为转移而引起负债，而已经终止确认的金融资产可能因为继续涉入而引起风险敞口。对这两种情形，企业都需要提供相关信息帮助报表使用者判定其影响。

（二）已转移但未整体终止确认的金融资产的披露

本准则第一百零一条对已转移但未整体终止确认的金融资产的披露要求进行了规范。

该条第（四）项所说的"交易对手仅对已转移资产有追索权"，是指交易对手仅能对该资产所产生的现金流向企业（转移方）进行追索，而不能对企业其他资产提出权利主张，即"有限追索权"的概念。有限追索权相关资产和负债的公允价值的差额（净头寸），代表着企业在该资产转移后仍保留的经济利益。

关于该条第（四）项和第（五）项的披露要求，企业可以参考表35进行披露。

表35
单位：万元

	以公允价值计量且其变动计入当期损益的金融资产		以摊余成本计量的金融资产		以公允价值计量且其变动计入其他综合收益的金融资产
	交易性金融资产	衍生工具	抵押贷款	消费贷款	债权投资
已转移金融资产的账面价值	×	×	×	×	×
相关负债的账面价值	（×）	（×）	（×）	（×）	（×）
仅对已转移资产有追索权的交易：					
已转移金融资产的公允价值	×	×	×	×	×
相关负债的公允价值	（×）	（×）	（×）	（×）	（×）
净头寸	×	×	×	×	×

无论是金融资产整体转移，还是金融资产部分转移，只要不满足终止确认的条件，均应按照以上要求进行披露。金融资产部分转移是指金融资产转移准则中第四条所规范的情形。例如，企业只转移了一项金融资产所产生现金流量的40%部分，则企业应该针对该40%部分的金融资产按照金融资产转移准则判断是否满足终止确认的条件。假设该40%部分的金融资产不满足终止确认的条件，因而未全部终止确认该部分金融资产，那么在这种情况下，这40%部分的金融资产需要按照本准则对于已转移但未整体终止确认的金融资产的披露要求进行相应的披露。如果该40%部分的金融资产满足终止确认的条件，可以被终止确认，则这40%部分的金融资产不需要按照本准则对于已转移但未整体终止确认的金融资产的披露要求进

行相应的披露,但是要考虑企业是否继续涉入该部分已转移金融资产,并按照本准则对于已整体终止确认但转出方继续涉入已转移金融资产的披露要求进行披露。对于剩余的60%部分的金融资产,无论是在以上哪种假设情况下,都不涉及金融资产的转移,因而也无需按照本准则进行披露。

(三) 已整体终止确认但转出方继续涉入已转移金融资产的披露

在很多情况下,如果企业对于已转移的金融资产仍然继续涉入,则可能意味着该金融资产转移不满足终止确认的条件。但有时也存在尽管企业继续涉入已转移的金融资产,但是该金融资产仍满足整体终止确认条件的情况。例如,附带转入方持有重大价外看跌期权(或转出方持有重大价外看涨期权)的金融资产出售,由于期权为重大价外期权,致使到期时或到期前行权的可能性极小,可以认定企业已经转移了该项金融资产所有权上几乎所有的风险和报酬,应当终止确认这一金融资产。但是由于期权的存在形成了企业对该金融资产的继续涉入。

针对这一情况,在每个资产负债表日,企业应按照类别披露相关信息。各披露类别应当按照企业继续涉入面临的风险敞口类型进行划分。例如,企业可以按照金融工具类别,如担保或看涨期权等进行分类;也可以按照转让类型,如应收账款保理、资产证券化、融券业务等进行分类。企业对某项终止确认的金融资产存在多种继续涉入方式的,可按其中一类进行汇总披露。

本准则第一百零二条对整体终止确认但转出方继续涉入已转移金融资产的披露要求进行了规范。其第一款第(一)项至第(三)项的披露要求,企业可以参考表36和表37进行披露。

表36   单位：万元

继续涉入的类型	因继续涉入确认的资产和负债的账面价值			因继续涉入确认的资产和负债的公允价值		损失的最大风险敞口	回购已转移（已终止确认）资产需要支付的未折现金流量
	以公允价值计量且其变动计入当期损益的金融资产	以公允价值计量且其变动计入其他综合收益的金融资产	以公允价值计量且其变动计入当期损益的金融负债	资产	负债		
签出的看跌期权			(×)		(×)	×	(×)
购入的看涨期权	×			×			(×)
融券业务			(×)	(×)		×	(×)
……							
合计	×		(×)	×	(×)	×	

表37   单位：万元

	回购已转移金融资产需要支付的未折现金流量							
	继续涉入的到期期限							
继续涉入的类型	合计	1个月之内	1~3个月	3~6个月	6个月~1年	1~3年	3~5年	5年以上
签出的看跌期权	×		×	×	×	×		
购入的看涨期权	×			×				×
融券业务	×	×	×					

企业按照本准则第一百零二条第一款第（三）项披露到期期限时，应当合理确定适当数量的时间段。

企业按照本准则第一百零二条第一款第（五）项披露相关的终止确认利得或损失时，应当披露利得或损失是否是由于该资产各组成部分（例如终止确认的部分和企业保留的部分）的公允价值和该资产整体的公允价值不同造成。如果是，企业还应披露该资产的公允价值计量是否包含可观察市场数据以外的重大输入值。

十二、衔接规定

自本准则执行日起，企业应当按照本准则的规定列报金融工具相关信息。企业比较财务报表列报的信息与本准则规定不一致的，不需要按照本准则的规定进行调整。

企业首次执行金融工具确认计量准则、金融资产转移准则和套期会计准则（本部分除特别指明外，以上准则则均指 2017 修订版），应当披露下列内容：

1. 企业应当在首次执行日，用表格形式对每一类别的金融资产和金融负债披露下列信息：

①执行金融工具确认计量准则之前存在的金融工具的原计量类别和账面价值；

②根据金融工具确认计量准则确定的新计量类别和账面价值；

③资产负债表中之前被指定为以公允价值计量且其变动计入当期损益但不再作出这一指定的所有金融资产和金融负债的金额，并分别根据该准则规定作出重分类，以及企业选择在首次执行日进行重分类两种情况进行披露。

对于上述的披露要求，企业可以参考以下披露表格：

【例33】在首次执行日，金融资产按照修订前后金融工具确认计量准则的规定进行分类和计量结果对比如表38所示。

表38　　　　　　　　　　　　　　　　　　　　　　　　单位：百万元

金融资产类别	修订前的金融工具确认计量准则		修订后的金融工具确认计量准则	
	计量类别	账面价值	计量类别	账面价值
现金及存放中央银行款项	摊余成本（贷款和应收款项）	4 343	摊余成本	4 343

续表

金融资产类别	修订前的金融工具确认计量准则		修订后的金融工具确认计量准则	
	计量类别	账面价值	计量类别	账面价值
存放同业	摊余成本（贷款和应收款项）	8 050	摊余成本	7 992
客户贷款及垫款	摊余成本（贷款和应收款项）	76 520	摊余成本	68 992
			以公允价值计量且其变动计入当期损益（准则要求）	6 617
交易性金融资产	以公允价值计量且其变动计入当期损益（交易性）	10 880	以公允价值计量且其变动计入当期损益（准则要求）	10 880
套期衍生工具	以公允价值计量且其变动计入当期损益（套期工具）（注）	1 654	以公允价值计量且其变动计入当期损益（准则要求）（注）	1 654
证券投资	以公允价值计量且其变动计入其他综合收益（可供出售类资产）	2 678	以公允价值计量且其变动计入其他综合收益	1 228
	摊余成本（贷款和应收款项）	546	摊余成本	2 209
	摊余成本（持有至到期）	1 205		
	以公允价值计量且其变动计入当期损益（指定）	546	以公允价值计量且其变动计入当期损益（指定）	—
	以公允价值计量且其变动计入当期损益（嵌入衍生工具）	12	以公允价值计量且其变动计入当期损益（准则要求）	1 536

注：指定为现金流量套期关系的衍生工具，公允价值变动的有效部分通过其他综合收益计入套期储备，无效部分计入当期损益。

2. 在包含首次执行日的报告期间内，企业应当披露下列定性信息：

①企业应用金融工具确认计量准则的规定对金融资产进行重分类的情况；

②金融资产或金融负债在首次执行日被指定或被取消指定为以公允价值计量且其变动计入当期损益的原因。

3. 对于首次执行金融工具确认计量准则的报告期间，企业应当披露金融工具确认计量准则的首次执行日金融资产和金融负债分类的变化，并分别列示：

①在重分类前计量类别下的账面价值变动；

②因采用金融工具确认计量准则而产生的计量变更所导致的账面价值变动。

4. 对于企业在首次执行金融工具确认计量准则的报告期间，因采用金融工具确认计量准则重分类为以摊余成本计量的金融资产或金融负债，或者将以公允价值计量且其变动计入当期损益的金融资产重分类为以公允价值计量且其变动计入其他综合收益的金融资产，应当披露下列信息：

①金融资产或金融负债在报告期末的公允价值；

②若金融资产或金融负债未作出重分类，应在报告期内计入当期损益或其他综合收益的公允价值变动金额。

在企业首次执行金融工具确认计量准则的年度报告期间之后，无需提供本段所规定的披露。

5. 对于企业在首次执行金融工具确认计量准则的报告期间，因采用金融工具确认计量准则将以公允价值计量且其变动计入当期损益类别的金融资产和金融负债重分类为其他类别时，企业应当披露下列信息：

①在首次执行日确定的实际利率；

②已确认的利息收入或费用。

如果企业根据金融工具确认计量准则第八十条规定将金融资产或金融负债的公允价值作为首次执行日的新账面余额或新摊余成本，则应在直至终止确认之前（含终止确认时）的每一报告期间进行上述披露。

6. 企业在按照上述 3 至 5 进行披露时，一般无需重述前期报告。企业只有在仅根据重述期间所获取的信息就能重述前期报告的情况下（即重述不依赖于重述期间的后续期间所获取的信息），才可以重述。如果企业不进行重述，则应当将原账面价值和首次执行日所属的年度报告期间期初账面价值之间的差额确认为该期间的期初留存收益或其他综合收益。但是如果企业进行重述，重述的财务报告必须遵循金融工具确认计量准则的所有要求。

7. 企业在按照上述 3 至 5 进行披露时，以及根据本准则第七十一条进行披露时，必须提供下列两项在首次执行日前后的对照信息：

①列报的计量类别；

②金融工具的类别。

【例 34】在首次执行日，原金融资产账面价值调整为按照修订后金融工具确认计量准则的规定进行分类和计量的新金融资产账面价值的调节表列示如表 39 所示。

表 39   单位：百万元

	附注	按修订前的金融工具确认计量准则（原 CAS 22）列示的账面价值（2017 年 12 月 31 日）	重分类	重新计量	按修订后的金融工具确认计量准则（新 CAS 22）列示的账面价值（2018 年 1 月 1 日）
摊余成本					
现金及存放中央银行款项					
按原 CAS 22 列示的余额和按新 CAS 22 列示的余额		4 343			4 343
存放同业					
按原 CAS 22 列示的余额		8 050			
重新计量：预期信用损失准备				(58)	

十二、衔接规定

续表

附注	按修订前的金融工具确认计量准则（原 CAS 22）列示的账面价值（2017 年 12 月 31 日）	重分类	重新计量	按修订后的金融工具确认计量准则（新 CAS 22）列示的账面价值（2018 年 1 月 1 日）
按新 CAS 22 列示的余额				7 992
客户贷款及垫款				
按原 CAS 22 列示的余额	76 520			
减：转出至以公允价值计量且其变动计入当期损益（新 CAS 22）		(6 541)		
重新计量：预期信用损失准备			(987)	
按新 CAS 22 列示的余额				68 992
证券投资——摊余成本				
按原 CAS 22 列示的余额	546			
减：转出至以公允价值计量且其变动计入当期损益（新 CAS 22）		(102)		
重新计量：预期信用损失准备			(4)	
加：自持有至到期金融资产（原 CAS 22）转入		1 205		
重新计量：预期信用损失准备			(10)	
加：自可供出售类（原 CAS 22）转入		341		
重新计量：由公允价值计量变为摊余成本计量			(1)	
加：自指定为以公允价值计量且其变动计入当期损益（原 CAS 22）转入		236		
重新计量：由公允价值计量变为摊余成本计量			(2)	

续表

	附注	按修订前的金融工具确认计量准则（原 CAS 22）列示的账面价值（2017年12月31日）	重分类	重新计量	按修订后的金融工具确认计量准则（新 CAS 22）列示的账面价值（2018年1月1日）
按新 CAS 22 列示的余额					2 209
证券投资——持有至到期					
按原 CAS 22 列示的余额		1 205			
减：转出至摊余成本（新 CAS 22）			（1 205）		
按新 CAS 22 列示的余额					—
以摊余成本计量的总金融资产		90 664	（6 066）	（1 062）	83 536
以公允价值计量且其变动计入当期损益					
交易性金融资产					
按原 CAS 22 列示的余额和按新 CAS 22 列示的余额		10 880			10 880
客户贷款及垫款					
按原 CAS 22 列示的余额		—			
加：自摊余成本（原 CAS 22）转入			6 541		
重新计量：由摊余成本计量变为公允价值计量				76	
按新 CAS 22 列示的余额					6 617
证券投资——以公允价值计量且其变动计入当期损益（按照要求必须分类为此）					

续表

	附注	按修订前的金融工具确认计量准则（原 CAS 22）列示的账面价值（2017 年 12 月 31 日）	重分类	重新计量	按修订后的金融工具确认计量准则（新 CAS 22）列示的账面价值（2018 年 1 月 1 日）
按原 CAS 22 列示的余额		12			
加：自可供出售类（原 CAS 22）转入			1 109		
加：自摊余成本（原 CAS 22）转入			102		
重新计量：由摊余成本计量变为公允价值计量				3	
加：自指定为以公允价值计量且其变动计入当期损益（原 CAS 22）转入			310		
按新 CAS 22 列示的余额					1 536
证券投资——以公允价值计量且其变动计入当期损益（指定）					
按原 CAS 22 列示的余额		546			
减：转出至按照要求必须分类为以公允价值计量且其变动计入当期损益（新 CAS 22）			(310)		
减：转出至摊余成本（新 CAS 22）			(236)		
按新 CAS 22 列示的余额					—
套期衍生工具（注）					
按原 CAS 22 列示的余额和按新 CAS 22 列示的余额		1 654			1 654
以公允价值计量且其变动计入当期损益的总金融资产		13 092	7 516	79	20 687

续表

附注	按修订前的金融工具确认计量准则（原 CAS 22）列示的账面价值（2017 年 12 月 31 日）	重分类	重新计量	按修订后的金融工具确认计量准则（新 CAS 22）列示的账面价值（2018 年 1 月 1 日）
以公允价值计量且其变动计入其他综合收益				
证券投资——以公允价值计量且其变动计入其他综合收益（债务工具）				
按原 CAS 22 列示的余额	—			
加：自可供出售类（原 CAS 22）转入		778		
按新 CAS 22 列示的余额				778
证券投资——以公允价值计量且其变动计入其他综合收益（权益工具投资）				
按原 CAS 22 列示的余额	—			
加：自可供出售类（原 CAS 22）转入——指定		450		
按新 CAS 22 列示的余额				450
证券投资——可供出售金融资产				
按原 CAS 22 列示的余额	2 678			
减：转出至按照要求必须分类为以公允价值计量且其变动计入当期损益（新 CAS 22）		(1 109)		
减：转出至摊余成本（新 CAS 22）		(341)		

续表

附注	按修订前的金融工具确认计量准则（原 CAS 22）列示的账面价值（2017年12月31日）	重分类	重新计量	按修订后的金融工具确认计量准则（新 CAS 22）列示的账面价值（2018年1月1日）
减：转出至以公允价值计量且其变动计入其他综合收益——权益工具投资		（450）		
减：转出至以公允价值计量且其变动计入其他综合收益——债务工具		（778）		
按新 CAS 22 列示的余额				—
以公允价值计量且其变动计入其他综合收益的总金融资产	2 678	（1 450）	—	1 228

注：指定为现金流量套期关系的衍生工具，公允价值变动的有效部分通过其他综合收益计入套期储备，无效部分计入当期损益。

8. 在金融工具确认计量准则的首次执行日，企业需要披露对下列两项进行调节的信息：

①根据金融工具确认计量准则（2006 版）的相关规定计量的期末损失准备和根据《企业会计准则第 13 号——或有事项》计提的准备；

②根据金融工具确认计量准则确定的期初损失准备。

对于金融资产，企业应当按照首次执行前和首次执行后的计量类别分别提供上述披露，并且应单独列示计量类别的变化对首次执行日损失准备的影响。

【例35】在首次执行日，原金融资产减值准备期末金额调整为按照修订后金融工具确认计量准则的规定进行分类和计量的新损失准备的调节表列示如表40所示。

表 40 单位：百万元

计量类别	按原 CAS 22 计提损失准备/按或有事项准则确认的预计负债	重分类	重新计量	按新 CAS 22 计提损失准备
贷款和应收款项（原 CAS 22）/以摊余成本计量的金融资产（新 CAS 22）				
现金及存放中央银行款项	—	—	—	—
存放同业	—	—	58	58
客户贷款及垫款	3 001	(65)	987	3 923
证券投资	—	—	7	7
总计	3 001	(65)	1 052	3 988
持有至到期（原 CAS 22）/以摊余成本计量的金融资产（新 CAS 22）				
证券投资	—	—	10	10
可供出售金融工具（原 CAS 22）/以公允价值计量且其变动计入其他综合收益的金融资产（新 CAS 22）				
证券投资	—	—	1	1
贷款承诺和财务担保合同				
贷款承诺准备	—	—	10	10
财务担保准备	—	—	65	65
总计	3 001	(65)	1 138	4 074

9. 在金融工具确认计量准则首次执行日所属的报告期间内，企业无需披露根据金融工具确认计量准则（2006 版）的分类和计量要求对本期项目进行列报的金额，也无需披露根据金融工具确认计量准则的分类和计量要求对前期项目进行列报的金额。

10. 如果企业按照金融工具确认计量准则第七十五条规定，在评估金融资产合同现金流量特征时不考虑关于时间价值要素修正的规定，则在该金融资产终止确认之前，企业均应披露该金融资产在资产负债表日的账面价值。

11. 如果企业按照金融工具确认计量准则第七十六条规定，在评估金融资产合同现金流量特征时不考虑关于提前还款特征的规定，则在该金融资产终止确认之前，企业均应披露该金融资产在资产负债表日的账面价值。

附录一

企业会计准则第 37 号
——金融工具列报*

(2017 年 5 月 2 日 财会〔2017〕14 号)

第一章 总 则

第一条 为了规范金融工具的列报,根据《企业会计准则——基本准则》,制定本准则。

金融工具列报,包括金融工具列示和金融工具披露。

第二条 金融工具列报的信息,应当有助于财务报表使用者了解企业所发行金融工具的分类、计量和列报的情况,以及企业所持有的金融资产和承担的金融负债的情况,并就金融工具对企业财务

---

* 在境内外同时上市的企业以及在境外上市并采用国际财务报告准则或企业会计准则编制财务报告的企业,自 2018 年 1 月 1 日起施行;其他境内上市企业自 2019 年 1 月 1 日起施行;执行企业会计准则的非上市企业自 2021 年 1 月 1 日起施行。同时,鼓励企业提前执行。执行本准则的企业,不再执行财政部于 2014 年 3 月 17 日印发的《金融负债与权益工具的区分及相关会计处理规定》(财会〔2014〕13 号)和 2014 年 6 月 20 日印发的《企业会计准则第 37 号——金融工具列报》(财会〔2014〕23 号)。

执行财政部于 2017 年修订印发的《企业会计准则第 22 号——金融工具确认和计量》(财会〔2017〕7 号)、《企业会计准则第 23 号——金融资产转移》(财会〔2017〕8 号)、《企业会计准则第 24 号——套期会计》(财会〔2017〕9 号)的企业,应同时执行本准则。

状况和经营成果影响的重要程度、金融工具使企业在报告期间和期末所面临风险的性质和程度，以及企业如何管理这些风险作出合理评价。

第三条　本准则适用于所有企业各种类型的金融工具，但下列各项适用其他会计准则：

（一）由《企业会计准则第 2 号——长期股权投资》、《企业会计准则第 33 号——合并财务报表》和《企业会计准则第 40 号——合营安排》规范的对子公司、合营企业和联营企业的投资，其披露适用《企业会计准则第 41 号——在其他主体中权益的披露》。但企业持有的与在子公司、合营企业或联营企业中的权益相联系的衍生工具，适用本准则。

企业按照《企业会计准则第 22 号——金融工具确认和计量》相关规定对联营企业或合营企业的投资进行会计处理的，以及企业符合《企业会计准则第 33 号——合并财务报表》有关投资性主体定义，且根据该准则规定对子公司的投资以公允价值计量且其变动计入当期损益的，对上述合营企业、联营企业或子公司的相关投资适用本准则。

（二）由《企业会计准则第 9 号——职工薪酬》规范的职工薪酬相关计划形成的企业的权利和义务，适用《企业会计准则第 9 号——职工薪酬》。

（三）由《企业会计准则第 11 号——股份支付》规范的股份支付中涉及的金融工具以及其他合同和义务，适用《企业会计准则第 11 号——股份支付》。但是，股份支付中属于本准则范围的买入或卖出非金融项目的合同，以及与股份支付相关的企业发行、回购、出售或注销的库存股，适用本准则。

（四）由《企业会计准则第 12 号——债务重组》规范的债务重组，适用《企业会计准则第 12 号——债务重组》。但债务重组中涉及金融资产转移披露的,适用本准则。

(五)由《企业会计准则第 14 号——收入》规范的属于金融工具的合同权利和义务,适用《企业会计准则第 14 号——收入》。由《企业会计准则第 14 号——收入》要求在确认和计量相关合同权利的减值损失和利得时,应当按照《企业会计准则第 22 号——金融工具确认和计量》进行会计处理的合同权利,适用本准则有关信用风险披露的规定。

(六)由保险合同相关会计准则规范的保险合同所产生的权利和义务,适用保险合同相关会计准则。

因具有相机分红特征而由保险合同相关会计准则规范的合同所产生的权利和义务,适用保险合同相关会计准则。但对于嵌入保险合同的衍生工具,该嵌入衍生工具本身不是保险合同的,适用本准则;该嵌入衍生工具本身为保险合同的,适用保险合同相关会计准则。

企业选择按照《企业会计准则第 22 号——金融工具确认和计量》进行会计处理的财务担保合同,适用本准则;企业选择按照保险合同相关会计准则进行会计处理的财务担保合同,适用保险合同相关会计准则。

第四条 本准则适用于能够以现金或其他金融工具净额结算,或通过交换金融工具结算的买入或卖出非金融项目的合同。但企业按照预定的购买、销售或使用要求签订并持有,旨在收取或交付非金融项目的合同,适用其他相关会计准则,但是企业根据《企业会计准则第 22 号——金融工具确认和计量》第八条的规定将该合同指定为以公允价值计量且其变动计入当期损益的金融资产或金融负债的,适用本准则。

第五条 本准则第六章至第八章的规定,除适用于企业已按照《企业会计准则第 22 号——金融工具确认和计量》确认的金融工具外，还适用于未确认的金融工具。

第六条 本准则规定的交易或事项涉及所得税的，应当按照《企业会计准则第 18 号——所得税》进行处理。

第二章 金融负债和权益工具的区分

第七条 企业应当根据所发行金融工具的合同条款及其所反映的经济实质而非仅以法律形式，结合金融资产、金融负债和权益工具的定义，在初始确认时将该金融工具或其组成部分分类为金融资产、金融负债或权益工具。

第八条 金融负债，是指企业符合下列条件之一的负债：

（一）向其他方交付现金或其他金融资产的合同义务。

（二）在潜在不利条件下，与其他方交换金融资产或金融负债的合同义务。

（三）将来须用或可用企业自身权益工具进行结算的非衍生工具合同，且企业根据该合同将交付可变数量的自身权益工具。

（四）将来须用或可用企业自身权益工具进行结算的衍生工具合同，但以固定数量的自身权益工具交换固定金额的现金或其他金融资产的衍生工具合同除外。企业对全部现有同类别非衍生自身权益工具的持有方同比例发行配股权、期权或认股权证，使之有权按比例以固定金额的任何货币换取固定数量的该企业自身权益工具的，该类配股权、期权或认股权证应当分类为权益工具。其中，企业自身权益工具不包括应按照本准则第三章分类为权益工具的金融工具，也不包括本身就要求在未来收取或交付企业自身权益工具的合同。

第九条 权益工具，是指能证明拥有某个企业在扣除所有负债后的资产中的剩余权益的合同。企业发行的金融工具同时满足下列条件的，符合权益工具的定义，应当将该金融工具分类为权益工具：

（一）该金融工具应当不包括交付现金或其他金融资产给其他方，或在潜在不利条件下与其他方交换金融资产或金融负债的合同义务；

（二）将来须用或可用企业自身权益工具结算该金融工具。如为非衍生工具，该金融工具应当不包括交付可变数量的自身权益工具进行结算的合同义务；如为衍生工具，企业只能通过以固定数量的自身权益工具交换固定金额的现金或其他金融资产结算该金融工具。企业自身权益工具不包括应按照本准则第三章分类为权益工具的金融工具，也不包括本身就要求在未来收取或交付企业自身权益工具的合同。

第十条 企业不能无条件地避免以交付现金或其他金融资产来履行一项合同义务的，该合同义务符合金融负债的定义。有些金融工具虽然没有明确地包含交付现金或其他金融资产义务的条款和条件，但有可能通过其他条款和条件间接地形成合同义务。

如果一项金融工具须用或可用企业自身权益工具进行结算，需要考虑用于结算该工具的企业自身权益工具，是作为现金或其他金融资产的替代品，还是为了使该工具持有方享有在发行方扣除所有负债后的资产中的剩余权益。如果是前者，该工具是发行方的金融负债；如果是后者，该工具是发行方的权益工具。在某些情况下，一项金融工具合同规定企业须用或可用自身权益工具结算该金融工具，其中合同权利或合同义务的金额等于可获取或需交付的自身权益工具的数量乘以其结算时的公允价值，则无论该合同权利或合同义务的金额是固定的，还是完全或部分地基于除企业自身权益工具的市场价格以外变量（例如利率、某种商品的价格或某项金融工具的价格）的变动而变动的，该合同应当分类为金融负债。

第十一条 除根据本准则第三章分类为权益工具的金融工具外，如果一项合同使发行方承担了以现金或其他金融资产回购自身权益工具的义务，即使发行方的回购义务取决于合同对手方是否行使回售权，发行方应当在初始确认时将该义务确认为一项金融负债，其金额等于回购所需支付金额的现值（如远期回购价格的现值、期权行权价格的现值或其他回售金额的现值）。如果最终发行方无须以现金或其他金融资产回购自身权益工具，应当在合同到期时将该项金融负债按照账面价值重分类为权益工具。

第十二条　对于附有或有结算条款的金融工具，发行方不能无条件地避免交付现金、其他金融资产或以其他导致该工具成为金融负债的方式进行结算的，应当分类为金融负债。但是，满足下列条件之一的，发行方应当将其分类为权益工具：

（一）要求以现金、其他金融资产或以其他导致该工具成为金融负债的方式进行结算的或有结算条款几乎不具有可能性，即相关情形极端罕见、显著异常且几乎不可能发生。

（二）只有在发行方清算时，才需以现金、其他金融资产或以其他导致该工具成为金融负债的方式进行结算。

（三）按照本准则第三章分类为权益工具的可回售工具。

附有或有结算条款的金融工具，指是否通过交付现金或其他金融资产进行结算，或者是否以其他导致该金融工具成为金融负债的方式进行结算，需要由发行方和持有方均不能控制的未来不确定事项（如股价指数、消费价格指数变动、利率或税法变动、发行方未来收入、净收益或债务权益比率等）的发生或不发生（或发行方和持有方均不能控制的未来不确定事项的结果）来确定的金融工具。

第十三条　对于存在结算选择权的衍生工具（例如合同规定发行方或持有方能选择以现金净额或以发行股份交换现金等方式进行结算的衍生工具），发行方应当将其确认为金融资产或金融负债，但所有可供选择的结算方式均表明该衍生工具应当确认为权益工具的除外。

第十四条 企业应对发行的非衍生工具进行评估，以确定所发行的工具是否为复合金融工具。企业所发行的非衍生工具可能同时包含金融负债成分和权益工具成分。对于复合金融工具，发行方应于初始确认时将各组成部分分别分类为金融负债、金融资产或权益工具。

企业发行的一项非衍生工具同时包含金融负债成分和权益工具成分的，应于初始计量时先确定金融负债成分的公允价值（包括其中可能包含的非权益性嵌入衍生工具的公允价值），再从复合金融工具公允价值中扣除负债成分的公允价值，作为权益工具成分的价值。复合金融工具中包含非权益性嵌入衍生工具的，非权益性嵌入衍生工具的公允价值应当包含在金融负债成分的公允价值中，并且按照《企业会计准则第22号——金融工具确认和计量》的规定对该金融负债成分进行会计处理。

第十五条 在合并财务报表中对金融工具（或其组成部分）进行分类时，企业应当考虑企业集团成员和金融工具的持有方之间达成的所有条款和条件。企业集团作为一个整体，因该工具承担了交付现金、其他金融资产或以其他导致该工具成为金融负债的方式进行结算的义务的，该工具在企业集团合并财务报表中应当分类为金融负债。

第三章 特殊金融工具的区分

第十六条 符合金融负债定义，但同时具有下列特征的可回售工具，应当分类为权益工具：

（一）赋予持有方在企业清算时按比例份额获得该企业净资产的权利。这里所指企业净资产是扣除所有优先于该工具对企业资产要求权之后的剩余资产；这里所指按比例份额是清算时将企业的净资产分拆为金额相等的单位,并且将单位金额乘以持有方所持有的单位数量。

(二)该工具所属的类别次于其他所有工具类别,即该工具在归属于该类别前无须转换为另一种工具,且在清算时对企业资产没有优先于其他工具的要求权。

(三)该工具所属的类别中(该类别次于其他所有工具类别),所有工具具有相同的特征(例如它们必须都具有可回售特征,并且用于计算回购或赎回价格的公式或其他方法都相同)。

(四)除了发行方应当以现金或其他金融资产回购或赎回该工具的合同义务外,该工具不满足本准则规定的金融负债定义中的任何其他特征。

(五)该工具在存续期内的预计现金流量总额,应当实质上基于该工具存续期内企业的损益、已确认净资产的变动、已确认和未确认净资产的公允价值变动(不包括该工具的任何影响)。

可回售工具,是指根据合同约定,持有方有权将该工具回售给发行方以获取现金或其他金融资产的权利,或者在未来某一不确定事项发生或者持有方死亡或退休时,自动回售给发行方的金融工具。

第十七条 符合金融负债定义,但同时具有下列特征的发行方仅在清算时才有义务向另一方按比例交付其净资产的金融工具,应当分类为权益工具:

(一)赋予持有方在企业清算时按比例份额获得该企业净资产的权利;

(二)该工具所属的类别次于其他所有工具类别;

(三)该工具所属的类别中(该类别次于其他所有工具类别),发行方对该类别中所有工具都应当在清算时承担按比例份额交付其净资产的同等合同义务。

产生上述合同义务的清算确定将会发生并且不受发行方的控制

（如发行方本身是有限寿命主体），或者发生与否取决于该工具的持有方。

第十八条 分类为权益工具的可回售工具，或发行方仅在清算时才有义务向另一方按比例交付其净资产的金融工具，除应当具有本准则第十六条或第十七条所述特征外，其发行方应当没有同时具备下列特征的其他金融工具或合同：

（一）现金流量总额实质上基于企业的损益、已确认净资产的变动、已确认和未确认净资产的公允价值变动（不包括该工具或合同的任何影响）；

（二）实质上限制或固定了本准则第十六条或第十七条所述工具持有方所获得的剩余回报。

在运用上述条件时，对于发行方与本准则第十六条或第十七条所述工具持有方签订的非金融合同，如果其条款和条件与发行方和其他方之间可能订立的同等合同类似，不应考虑该非金融合同的影响。但如果不能作出此判断，则不得将该工具分类为权益工具。

第十九条 按照本章规定分类为权益工具的金融工具，自不再具有本准则第十六条或第十七条所述特征，或发行方不再满足本准则第十八条规定条件之日起，发行方应当将其重分类为金融负债，以重分类日该工具的公允价值计量，并将重分类日权益工具的账面价值和金融负债的公允价值之间的差额确认为权益。

按照本章规定分类为金融负债的金融工具，自具有本准则第十六条或第十七条所述特征，且发行方满足本准则第十八条规定条件之日起，发行方应当将其重分类为权益工具，以重分类日金融负债的账面价值计量。

第二十条 企业发行的满足本章规定分类为权益工具的金融工具，在企业集团合并财务报表中对应的少数股东权益部分，应当分类为金融负债。

第四章 收益和库存股

第二十一条 金融工具或其组成部分属于金融负债的，相关利息、股利（或股息）、利得或损失，以及赎回或再融资产生的利得或损失等，应当计入当期损益。

第二十二条 金融工具或其组成部分属于权益工具的，其发行（含再融资）、回购、出售或注销时，发行方应当作为权益的变动处理。发行方不应当确认权益工具的公允价值变动。

发行方向权益工具持有方的分配应当作为其利润分配处理，发放的股票股利不影响发行方的所有者权益总额。

第二十三条 与权益性交易相关的交易费用应当从权益中扣减。

企业发行或取得自身权益工具时发生的交易费用（例如登记费，承销费，法律、会计、评估及其他专业服务费用，印刷成本和印花税等），可直接归属于权益性交易的，应当从权益中扣减。终止的未完成权益性交易所发生的交易费用应当计入当期损益。

第二十四条 发行复合金融工具发生的交易费用，应当在金融负债成分和权益工具成分之间按照各自占总发行价款的比例进行分摊。与多项交易相关的共同交易费用，应当在合理的基础上，采用与其他类似交易一致的方法，在各项交易间进行分摊。

第二十五条 发行方分类为金融负债的金融工具支付的股利，在利润表中应当确认为费用，与其他负债的利息费用合并列示，并在财务报表附注中单独披露。

作为权益扣减项的交易费用，应当在财务报表附注中单独披露。

第二十六条 回购自身权益工具（库存股）支付的对价和交易费用，应当减少所有者权益，不得确认金融资产。库存股可由企业自身购回和持有，也可由企业集团合并财务报表范围内的其他成员购回和持有。

第二十七条 企业应当按照《企业会计准则第 30 号——财务报表列报》的规定在资产负债表中单独列示所持有的库存股金额。

企业从关联方回购自身权益工具的，还应当按照《企业会计准则第 36 号——关联方披露》的相关规定进行披露。

第五章　金融资产和金融负债的抵销

第二十八条 金融资产和金融负债应当在资产负债表内分别列示，不得相互抵销。但同时满足下列条件的，应当以相互抵销后的净额在资产负债表内列示：

（一）企业具有抵销已确认金额的法定权利，且该种法定权利是当前可执行的；

（二）企业计划以净额结算，或同时变现该金融资产和清偿该金融负债。

不满足终止确认条件的金融资产转移，转出方不得将已转移的金融资产和相关负债进行抵销。

第二十九条 抵销权是债务人根据合同或其他协议，以应收债权人的金额全部或部分抵销应付债权人的金额的法定权利。在某些情况下，如果债务人、债权人和第三方三者之间签署的协议明确表示债务人拥有该抵销权，并且不违反法律法规或其他相关规定，债务人可能拥有以应收第三方的金额抵销应付债权人的金额的法定权利。

第三十条 抵销权应当不取决于未来事项，而且在企业和所有交易对手方的正常经营过程中，或在出现违约、无力偿债或破产等各种情形下，企业均可执行该法定权利。

在确定抵销权是否可执行时，企业应当充分考虑法律法规或其他相关规定以及合同约定等各方面因素。

第三十一条 当前可执行的抵销权不构成相互抵销的充分条件，企业既不打算行使抵销权（即净额结算），又无计划同时结算金融资产和金融负债的，该金融资产和金融负债不得抵销。

在没有法定权利的情况下，一方或双方即使有意向以净额为基础进行结算或同时结算相关金融资产和金融负债的，该金融资产和金融负债也不得抵销。

第三十二条 企业同时结算金融资产和金融负债的，如果该结算方式相当于净额结算，则满足本准则第二十八条（二）以净额结算的标准。这种结算方式必须在同一结算过程或周期内处理了相关应收和应付款项，最终消除或几乎消除了信用风险和流动性风险。如果某结算方式同时具备如下特征，可视为满足净额结算标准：

（一）符合抵销条件的金融资产和金融负债在同一时点提交处理；

（二）金融资产和金融负债一经提交处理，各方即承诺履行结算义务；

（三）金融资产和金融负债一经提交处理，除非处理失败，这些资产和负债产生的现金流量不可能发生变动；

（四）以证券作为担保物的金融资产和金融负债，通过证券结算系统或其他类似机制进行结算（例如券款对付），即如果证券交付失败，则以证券作为抵押的应收款项或应付款项的处理也将失败，反之亦然；

（五）若发生本条（四）所述的失败交易，将重新进入处理程序，直至结算完成；

（六）由同一结算机构执行；

（七）有足够的日间信用额度，并且能够确保该日间信用额度一经申请提取即可履行，以支持各方能够在结算日进行支付处理。

第三十三条 在下列情况下，通常认为不满足本准则第二十八条所列条件，不得抵销相关金融资产和金融负债：

（一）使用多项不同金融工具来仿效单项金融工具的特征（即合成工具）。例如利用浮动利率长期债券与收取浮动利息且支付固定利息的利率互换，合成一项固定利率长期负债。

（二）金融资产和金融负债虽然具有相同的主要风险敞口（例如远期合同或其他衍生工具组合中的资产和负债），但涉及不同的交易对手方。

（三）无追索权金融负债与作为其担保物的金融资产或其他资产。

（四）债务人为解除某项负债而将一定的金融资产进行托管（例如偿债基金或类似安排），但债权人尚未接受以这些资产清偿负债。

（五）因某些导致损失的事项而产生的义务预计可以通过保险合同向第三方索赔而得以补偿。

第三十四条 企业与同一交易对手方进行多项金融工具交易时，可能与对手方签订总互抵协议。只有满足本准则第二十八条所列条件时，总互抵协议下的相关金融资产和金融负债才能抵销。

总互抵协议，是指协议所涵盖的所有金融工具中的任何一项合同在发生违约或终止时，就协议所涵盖的所有金融工具按单一净额进行结算。

第三十五条 企业应当区分金融资产和金融负债的抵销与终止确认。抵销金融资产和金融负债并在资产负债表中以净额列示，不应当产生利得或损失；终止确认是从资产负债表列示的项目中移除相关金融资产或金融负债，有可能产生利得或损失。

第六章 金融工具对财务状况和经营成果影响的列报

第一节 一般性规定

第三十六条 企业在对金融工具各项目进行列报时，应当根据金融工具的特点及相关信息的性质对金融工具进行归类，并充分披露与金融工具相关的信息，使得财务报表附注中的披露与财务报表列示的各项目相互对应。

第三十七条 在确定金融工具的列报类型时，企业至少应当将本准则范围内的金融工具区分为以摊余成本计量和以公允价值计量的类型。

第三十八条 企业应当披露编制财务报表时对金融工具所采用的重要会计政策、计量基础和与理解财务报表相关的其他会计政策等信息，主要包括：

（一）对于指定为以公允价值计量且其变动计入当期损益的金融资产，企业应当披露下列信息：

1. 指定的金融资产的性质；

2. 企业如何满足运用指定的标准。企业应当披露该指定所针对的确认或计量不一致的描述性说明。

（二）对于指定为以公允价值计量且其变动计入当期损益的金融负债，企业应当披露下列信息：

1. 指定的金融负债的性质；

2. 初始确认时对上述金融负债作出指定的标准；

3. 企业如何满足运用指定的标准。对于以消除或显著减少会计错配为目的的指定，企业应当披露该指定所针对的确认或计量不一致的描述性说明。对于以更好地反映组合的管理实质为目的的指定，企业应当披露该指定符合企业正式书面文件载明的风险管理或投资策略的描述性说明。对于整体指定为以公允价值计量且其变动计入当期损益的混合工具，企业应当披露运用指定标准的描述性说明。

（三）如何确定每类金融工具的利得或损失。

第二节 资产负债表中的列示及相关披露

第三十九条 企业应当在资产负债表或相关附注中列报下列金融资产或金融负债的账面价值：

（一）以摊余成本计量的金融资产。

（二）以摊余成本计量的金融负债。

（三）以公允价值计量且其变动计入其他综合收益的金融资产，并分别反映：（1）根据《企业会计准则第22号——金融工具确认和计量》第十八条的规定分类为以公允价值计量且其变动计入其他综合收益的金融资产；（2）根据《企业会计准则第22号——金融工具确认和计量》第十九条的规定在初始确认时被指定为以公允价值计量且其变动计入其他综合收益的非交易性权益工具投资。

（四）以公允价值计量且其变动计入当期损益的金融资产，并分别反映：（1）根据《企业会计准则第22号——金融工具确认和计量》第十九条的规定分类为以公允价值计量且其变动计入当期损益的金融资产；（2）根据《企业会计准则第22号——金融工具确认和计量》第二十条的规定指定为以公允价值计量且其变动计入当期损益的金融资产；（3）根据《企业会计准则第24号——套期会计》第三十四条的规定在初始确认或后续计量时指定为以公允价值计量且其变动计入当期损益的金融资产。

（五）以公允价值计量且其变动计入当期损益的金融负债，并分别反映：（1）根据《企业会计准则第22号——金融工具确认和计量》第二十一条的规定分类为以公允价值计量且其变动计入当期损益的金融负债；（2）根据《企业会计准则第22号——金融工具确认和计量》第二十二条的规定在初始确认时指定为以公允价值计量且其变动计入当期损益的金融负债；（3）根据《企业会计准则第24号——套期会计》第三十四条的规定在初始确认和后续计量时指定为以公允价值计量且其变动计入当期损益的金融负债。

第四十条 企业将本应按摊余成本或以公允价值计量且其变动计入其他综合收益计量的一项或一组金融资产指定为以公允价值计量且其变动计入当期损益的金融资产的，应当披露下列信息：

（一）该金融资产在资产负债表日使企业面临的最大信用风险敞口；

（二）企业通过任何相关信用衍生工具或类似工具使得该最大信用风险敞口降低的金额；

（三）该金融资产因信用风险变动引起的公允价值本期变动额和累计变动额；

（四）相关信用衍生工具或类似工具自该金融资产被指定以来的的公允价值本期变动额和累计变动额。

信用风险，是指金融工具的一方不履行义务，造成另一方发生财务损失的风险。

金融资产在资产负债表日的最大信用风险敞口，通常是金融工具账面余额减去减值损失准备后的金额（已减去根据本准则规定已抵销的金额）。

第四十一条 企业将一项金融负债指定为以公允价值计量且其变动计入当期损益的金融负债，且企业自身信用风险变动引起的该金融负债公允价值的变动金额计入其他综合收益的，应当披露下列信息：

（一）该金融负债因自身信用风险变动引起的公允价值本期变动

额和累计变动额；

（二）该金融负债的账面价值与按合同约定到期应支付债权人金额之间的差额；

（三）该金融负债的累计利得或损失本期从其他综合收益转入留存收益的金额和原因。

第四十二条 企业将一项金融负债指定为以公允价值计量且其变动计入当期损益的金融负债，且该金融负债（包括企业自身信用风险变动的影响）的全部利得或损失计入当期损益的，应当披露下列信息：

（一）该金融负债因自身信用风险变动引起的公允价值本期变动额和累计变动额；

（二）该金融负债的账面价值与按合同约定到期应支付债权人金额之间的差额。

第四十三条 企业应当披露用于确定本准则第四十条（三）所要求披露的金融资产因信用风险变动引起的公允价值变动额的估值方法，以及用于确定本准则第四十一条（一）和第四十二条（一）所要求披露的金融负债因自身信用风险变动引起的公允价值变动额的估值方法，并说明选用该方法的原因。如果企业认为披露的信息未能如实反映相关金融工具公允价值变动中由信用风险引起的部分，则应当披露企业得出此结论的原因及其他需要考虑的因素。

企业应当披露其用于确定金融负债自身信用风险变动引起的公允价值的变动计入其他综合收益是否会造成或扩大损益中的会计错配的方法。企业根据《企业会计准则第22号——金融工具确认和计量》第六十八条的规定将金融负债因企业自身信用风险变动引起的公允价值变动计入当期损益的，企业应当披露该金融负债与预期能够抵销其自身信用风险变动引起的公允价值变动的金融工具之间的经济关系。

第四十四条 企业将非交易性权益工具投资指定为以公允价值计量且其变动计入其他综合收益的,应当披露下列信息:

(一)企业每一项指定为以公允价值计量且其变动计入其他综合收益的权益工具投资;

(二)企业作出该指定的原因;

(三)企业每一项指定为以公允价值计量且其变动计入其他综合收益的权益工具投资的期末公允价值;

(四)本期确认的股利收入,其中对本期终止确认的权益工具投资相关的股利收入和资产负债表日仍持有的权益工具投资相关的股利收入应当分别单独披露;

(五)该权益工具投资的累计利得和损失本期从其他综合收益转入留存收益的金额及其原因。

第四十五条 企业本期终止确认了指定为以公允价值计量且其变动计入其他综合收益的非交易性权益工具投资的,应当披露下列信息:

(一)企业处置该权益工具投资的原因;

(二)该权益工具投资在终止确认时的公允价值;

(三)该权益工具投资在终止确认时的累计利得或损失。

第四十六条 企业在当期或以前报告期间将金融资产进行重分类的,对于每一项重分类,应当披露重分类日、对业务模式变更的具体说明及其对财务报表影响的定性描述,以及该金融资产重分类前后的金额。

企业自上一年度报告日起将以公允价值计量且其变动计入其他综合收益的金融资产重分类为以摊余成本计量的金融资产的,或者将以公允价值计量且其变动计入当期损益的金融资产重分类为其他类别的,应当披露下列信息:

(一)该金融资产在资产负债表日的公允价值;

（二）如果未被重分类，该金融资产原来应在当期损益或其他综合收益中确认的公允价值利得或损失。

企业将以公允价值计量且其变动计入当期损益的金融资产重分类为其他类别的，自重分类日起到终止确认的每一个报告期间内，都应当披露该金融资产在重分类日确定的实际利率和当期已确认的利息收入。

第四十七条 对于所有可执行的总互抵协议或类似协议下的已确认金融工具，以及符合本准则第二十八条抵销条件的已确认金融工具，企业应当在报告期末以表格形式（除非企业有更恰当的披露形式）分别按金融资产和金融负债披露下列定量信息：

（一）已确认金融资产和金融负债的总额。

（二）按本准则规定抵销的金额。

（三）在资产负债表中列示的净额。

（四）可执行的总互抵协议或类似协议确定的，未包含在本条（二）中的金额，包括：

1. 不满足本准则抵销条件的已确认金融工具的金额；

2. 与财务担保物（包括现金担保）相关的金额，以在资产负债表中列示的净额扣除本条（四）1 后的余额为限。

（五）资产负债表中列示的净额扣除本条（四）后的余额。

企业应当披露本条（四）所述协议中抵销权的条款及其性质等信息，以及不同计量基础的金融工具适用本条时产生的计量差异。

上述信息未在财务报表同一附注中披露的，企业应当提供不同附注之间的交叉索引。

第四十八条 按照本准则第三章分类为权益工具的可回售工具，企业应当披露下列信息：

（一）可回售工具的汇总定量信息；

（二）对于按持有方要求承担的回购或赎回义务，企业的管理目标、政策和程序及其变化；

（三）回购或赎回可回售工具的预期现金流出金额以及确定方法。

第四十九条 企业将本准则第三章规定的特殊金融工具在金融负债和权益工具之间重分类的，应当分别披露重分类前后的公允价值或账面价值，以及重分类的时间和原因。

第五十条 企业应当披露作为负债或或有负债担保物的金融资产的账面价值，以及与该项担保有关的条款和条件。根据《企业会计准则第23号——金融资产转移》第二十六条的规定，企业（转出方）向金融资产转入方提供了非现金担保物（如债务工具或权益工具投资等），转入方按照合同或惯例有权出售该担保物或将其再作为担保物的，企业应当将该非现金担保物在财务报表中单独列报。

第五十一条 企业取得担保物（担保物为金融资产或非金融资产），在担保物所有人未违约时可将该担保物出售或再抵押的，应当披露该担保物的公允价值、企业已出售或再抵押担保物的公允价值，以及承担的返还义务和使用担保物的条款和条件。

第五十二条 对于按照《企业会计准则第22号——金融工具确认和计量》第十八条的规定分类为以公允价值计量且其变动计入其他综合收益的金融资产，企业应当在财务报表附注中披露其确认的损失准备，但不应在资产负债表中将损失准备作为金融资产账面金额的扣减项目单独列示。

第五十三条 对于企业发行的包含金融负债成分和权益工具成分的复合金融工具，嵌入了价值相互关联的多项衍生工具（如可赎回的可转换债务工具）的，应当披露相关特征。

第五十四条 对于除基于正常信用条款的短期贸易应付款项之外的金融负债，企业应当披露下列信息：

（一）本期发生违约的金融负债的本金、利息、偿债基金、赎回

条款的详细情况;

(二)发生违约的金融负债的期末账面价值;

(三)在财务报告批准对外报出前,就违约事项已采取的补救措施、对债务条款的重新议定等情况。

企业本期发生其他违反合同的情况,且债权人有权在发生违约或其他违反合同情况时要求企业提前偿还的,企业应当按上述要求披露。如果在期末前违约或其他违反合同情况已得到补救或已重新议定债务条款,则无须披露。

第三节 利润表中的列示及相关披露

第五十五条 企业应当披露与金融工具有关的下列收入、费用、利得或损失:

(一)以公允价值计量且其变动计入当期损益的金融资产和金融负债所产生的利得或损失。其中,指定为以公允价值计量且其变动计入当期损益的金融资产和金融负债,以及根据《企业会计准则第22号——金融工具确认和计量》第十九条的规定必须分类为以公允价值计量且其变动计入当期损益的金融资产和根据《企业会计准则第22号——金融工具确认和计量》第二十一条的规定必须分类为以公允价值计量且其变动计入当期损益的金融负债的净利得或净损失,应当分别披露。

(二)对于指定为以公允价值计量且其变动计入当期损益的金融负债,企业应当分别披露本期在其他综合收益中确认的和在当期损益中确认的利得或损失。

(三)对于根据《企业会计准则第22号——金融工具确认和计量》第十八条的规定分类为以公允价值计量且其变动计入其他综合收益的金融资产,企业应当分别披露当期在其他综合收益中确认的以及当期终止确认时从其他综合收益转入当期损益的利得或损失。

（四）对于根据《企业会计准则第22号——金融工具确认和计量》第十九条的规定指定为以公允价值计量且其变动计入其他综合收益的非交易性权益工具投资，企业应当分别披露在其他综合收益中确认的利得和损失以及在当期损益中确认的股利收入。

（五）除以公允价值计量且其变动计入当期损益的金融资产或金融负债外，按实际利率法计算的金融资产或金融负债产生的利息收入或利息费用总额，以及在确定实际利率时未予包括并直接计入当期损益的手续费收入或支出。

（六）企业通过信托和其他托管活动代他人持有资产或进行投资而形成的，直接计入当期损益的手续费收入或支出。

第五十六条 企业应当分别披露以摊余成本计量的金融资产终止确认时在利润表中确认的利得和损失金额及其相关分析，包括终止确认金融资产的原因。

第四节 套期会计相关披露

第五十七条 企业应当披露与套期会计有关的下列信息：

（一）企业的风险管理策略以及如何应用该策略来管理风险；

（二）企业的套期活动可能对其未来现金流量金额、时间和不确定性的影响；

（三）套期会计对企业的资产负债表、利润表及所有者权益变动表的影响。

企业在披露套期会计相关信息时，应当合理确定披露的详细程度、披露的重点、恰当的汇总或分解水平，以及财务报表使用者是否需要额外的说明以评估企业披露的定量信息。企业按照本准则要求所确定的信息披露汇总或分解水平应当和《企业会计准则第39号——公允价值计量》的披露要求所使用的汇总或分解水平相同。

第五十八条 企业应当披露其进行套期和运用套期会计的各类

风险的风险敞口的风险管理策略相关信息,从而有助于财务报表使用者评价:每类风险是如何产生的、企业是如何管理各类风险的(包括企业是对某一项目整体的所有风险进行套期还是对某一项目的单个或多个风险成分进行套期及其理由),以及企业管理风险敞口的程度。与风险管理策略相关的信息应当包括:

(一)企业指定的套期工具;

(二)企业如何运用套期工具对被套期项目的特定风险敞口进行套期;

(三)企业如何确定被套期项目与套期工具的经济关系以评估套期有效性;

(四)套期比率的确定方法;

(五)套期无效部分的来源。

第五十九条 企业将某一特定的风险成分指定为被套期项目的,除应当披露本准则第五十八条规定的相关信息外,还应当披露下列定性或定量信息:

(一)企业如何确定该风险成分,包括风险成分与项目整体之间关系性质的说明;

(二)风险成分与项目整体的关联程度(例如被指定的风险成分以往平均涵盖项目整体公允价值变动的百分比)。

第六十条 企业应当按照风险类型披露相关定量信息,从而有助于财务报表使用者评价套期工具的条款和条件及这些条款和条件如何影响企业未来现金流量的金额、时间和不确定性。这些要求披露的明细信息应当包括:

(一)套期工具名义金额的时间分布;

(二)套期工具的平均价格或利率(如适用)。

第六十一条 在因套期工具和被套期项目频繁变更而导致企业频繁地重设(即终止及重新开始)套期关系的情况下,企业无须披

露本准则第六十条规定的信息,但应当披露下列信息:

(一)企业基本风险管理策略与该套期关系相关的信息;

(二)企业如何通过运用套期会计以及指定特定的套期关系来反映其风险管理策略;

(三)企业重设套期关系的频率。

在因套期工具和被套期项目频繁变更而导致企业频繁地重设套期关系的情况下,如果资产负债表日的套期关系数量并不代表本期内的正常数量,企业应当披露这一情况以及该数量不具代表性的原因。

第六十二条 企业应当按照风险类型披露在套期关系存续期内预期将影响套期关系的套期无效部分的来源,如果在套期关系中出现导致套期无效部分的其他来源,也应当按照风险类型披露相关来源及导致套期无效的原因。

第六十三条 企业应当披露已运用套期会计但预计不再发生的预期交易的现金流量套期。

第六十四条 对于公允价值套期,企业应当以表格形式、按风险类型分别披露与被套期项目相关的下列金额:

(一)在资产负债表中确认的被套期项目的账面价值,其中资产和负债应当分别单独列示;

(二)资产负债表中已确认的被套期项目的账面价值、针对被套期项目的公允价值套期调整的累计金额,其中资产和负债应当分别单独列示;

(三)包含被套期项目的资产负债表列示项目;

(四)本期用作确认套期无效部分基础的被套期项目价值变动;

(五)被套期项目为以摊余成本计量的金融工具的,若已终止针对套期利得和损失进行调整,则应披露在资产负债表中保留的公允价值套期调整的累计金额。

第六十五条 对于现金流量套期和境外经营净投资套期,企业应当以表格形式、按风险类型分别披露与被套期项目相关的下列金额：

（一）本期用作确认套期无效部分基础的被套期项目价值变动；

（二）根据《企业会计准则第 24 号——套期会计》第二十四条的规定继续按照套期会计处理的现金流量套期储备的余额；

（三）根据《企业会计准则第 24 号——套期会计》第二十七条的规定继续按照套期会计处理的境外经营净投资套期计入其他综合收益的余额；

（四）套期会计不再适用的套期关系所导致的现金流量套期储备和境外经营净投资套期中计入其他综合收益的利得和损失的余额。

第六十六条　对于每类套期类型，企业应当以表格形式、按风险类型分别披露与套期工具相关的下列金额：

（一）套期工具的账面价值，其中金融资产和金融负债应当分别单独列示；

（二）包含套期工具的资产负债表列示项目；

（三）本期用作确认套期无效部分基础的套期工具的公允价值变动；

（四）套期工具的名义金额或数量。

第六十七条　对于公允价值套期，企业应当以表格形式、按风险类型分别披露与套期工具相关的下列金额：

（一）计入当期损益的套期无效部分；

（二）计入其他综合收益的套期无效部分；

（三）包含已确认的套期无效部分的利润表列示项目。

第六十八条　对于现金流量套期和境外经营净投资套期，企业应当以表格形式、按风险类型分别披露与套期工具相关的下列金额：

（一）当期计入其他综合收益的套期利得或损失；

（二）计入当期损益的套期无效部分；

（三）包含已确认的套期无效部分的利润表列示项目；

（四）从现金流量套期储备或境外经营净投资套期计入其他综合收益的利得和损失重分类至当期损益的金额，并应区分之前已运用套期会计但因被套期项目的未来现金流量预计不再发生而转出的金额和因被套期项目影响当期损益而转出的金额；

（五）包含重分类调整的利润表列示项目；

（六）对于风险净敞口套期，计入利润表中单列项目的套期利得或损失。

第六十九条 企业按照《企业会计准则第 30 号——财务报表列报》的规定在提供所有者权益各组成部分的调节情况以及其他综合收益的分析时，应当按照风险类型披露下列信息：

（一）分别披露按照本准则第六十八条（一）和（四）的规定披露的金额；

（二）分别披露按照《企业会计准则第 24 号——套期会计》第二十五条（一）和（三）的规定处理的现金流量套期储备的金额；

（三）分别披露对与交易相关的被套期项目进行套期的期权时间价值所涉及的金额、以及对与时间段相关的被套期项目进行套期的期权时间价值所涉及的金额；

（四）分别披露对与交易相关的被套期项目进行套期的远期合同的远期要素和金融工具的外汇基差所涉及的金额、以及对与时间段相关的被套期项目进行套期的远期合同的远期要素和金融工具的外汇基差所涉及的金额。

第七十条 企业因使用信用衍生工具管理金融工具的信用风险敞口而将金融工具（或其一定比例）指定为以公允价值计量且其变动计入当期损益的，应当披露下列信息：

（一）对于用于管理根据《企业会计准则第 24 号——套期会计》第三十四条的规定被指定为以公允价值计量且其变动计入当期

损益的金融工具信用风险敞口的信用衍生工具,每一项名义金额与当期期初和期末公允价值的调节表;

(二)根据《企业会计准则第24号——套期会计》第三十四条的规定将金融工具(或其一定比例)指定为以公允价值计量且其变动计入当期损益时,在损益中确认的利得或损失;

(三)当企业根据《企业会计准则第24号——套期会计》第三十五条的规定对该金融工具(或其一定比例)终止以公允价值计量且其变动计入当期损益时,作为其新账面价值的该金融工具的公允价值和相关的名义金额或本金金额,企业在后续期间无须继续披露这一信息,除非根据《企业会计准则第30号——财务报表列报》的规定需要提供比较信息。

第五节 公允价值披露

第七十一条 除了本准则第七十三条规定情况外,企业应当披露每一类金融资产和金融负债的公允价值,并与账面价值进行比较。对于在资产负债表中相互抵销的金融资产和金融负债,其公允价值应当以抵销后的金额披露。

第七十二条 金融资产或金融负债初始确认的公允价值与交易价格存在差异时,如果其公允价值并非基于相同资产或负债在活跃市场中的报价确定的,也非基于仅使用可观察市场数据的估值技术确定的,企业在初始确认金融资产或金融负债时不应确认利得或损失。在此情况下,企业应当按金融资产或金融负债的类型披露下列信息:

(一)企业在损益中确认交易价格与初始确认的公允价值之间差额时所采用的会计政策,以反映市场参与者对资产或负债进行定价时所考虑的因素(包括时间因素)的变动;

(二)该项差异期初和期末尚未在损益中确认的总额和本期变动

额的调节表；

（三）企业如何认定交易价格并非公允价值的最佳证据，以及确定公允价值的证据。

第七十三条 企业可以不披露下列金融资产或金融负债的公允价值信息：

（一）账面价值与公允价值差异很小的金融资产或金融负债（如短期应收账款或应付账款）；

（二）包含相机分红特征且其公允价值无法可靠计量的合同；

（三）租赁负债。

第七十四条 在本准则第七十三条（二）所述的情况下，企业应当披露下列信息：

（一）对金融工具的描述及其账面价值，以及因公允价值无法可靠计量而未披露其公允价值的事实和说明；

（二）金融工具的相关市场信息；

（三）企业是否有意图处置以及如何处置这些金融工具；

（四）之前公允价值无法可靠计量的金融工具终止确认的，应当披露终止确认的事实，终止确认时该金融工具的账面价值和所确认的利得或损失金额。

第七章 与金融工具相关的风险披露

第一节 定性和定量信息

第七十五条 企业应当披露与各类金融工具风险相关的定性和定量信息，以便财务报表使用者评估报告期末金融工具产生的风险的性质和程度，更好地评价企业所面临的风险敞口。相关风险包括信用风险、流动性风险、市场风险等。

第七十六条　对金融工具产生的各类风险，企业应当披露下列定性信息：

（一）风险敞口及其形成原因，以及在本期发生的变化；

（二）风险管理目标、政策和程序以及计量风险的方法及其在本期发生的变化。

第七十七条　对金融工具产生的各类风险，企业应当按类别披露下列定量信息：

（一）期末风险敞口的汇总数据。该数据应当以向内部关键管理人员提供的相关信息为基础。企业运用多种方法管理风险的，披露的信息应当以最相关和可靠的方法为基础。

（二）按照本准则第七十八条至第九十七条披露的信息。

（三）期末风险集中度信息，包括管理层确定风险集中度的说明和参考因素（包括交易对手方、地理区域、货币种类、市场类型等），以及各风险集中度相关的风险敞口金额。

上述期末定量信息不能代表企业本期风险敞口情况的，应当进一步提供相关信息。

第二节　信用风险披露

第七十八条　对于适用《企业会计准则第 22 号——金融工具确认和计量》金融工具减值规定的各类金融工具和相关合同权利，企业应当按照本准则第八十条至第八十七条的规定披露。

对于始终按照相当于整个存续期内预期信用损失的金额计量其减值损失准备的应收款项、合同资产和租赁应收款，在逾期超过 30 日后对合同现金流量作出修改的，适用本准则第八十五条（一）的规定。

租赁应收款不适用本准则第八十六条（二）的规定。

第七十九条　为使财务报表使用者了解信用风险对未来现金流

量的金额、时间和不确定性的影响,企业应当披露与信用风险有关的下列信息:

(一)企业信用风险管理实务的相关信息及其与预期信用损失的确认和计量的关系,包括计量金融工具预期信用损失的方法、假设和信息;

(二)有助于财务报表使用者评价在财务报表中确认的预期信用损失金额的定量和定性信息,包括预期信用损失金额的变动及其原因;

(三)企业的信用风险敞口,包括重大信用风险集中度;

(四)其他有助于财务报表使用者了解信用风险对未来现金流量金额、时间和不确定性的影响的信息。

第八十条 信用风险信息已经在其他报告(例如管理层讨论与分析)中予以披露并与财务报告交叉索引,且财务报告和其他报告可以同时同条件获得的,则信用风险信息无须重复列报。企业应当根据自身实际情况,合理确定相关披露的详细程度、汇总或分解水平以及是否需对所披露的定量信息作补充说明。

第八十一条 企业应当披露与信用风险管理实务有关的下列信息:

(一)企业评估信用风险自初始确认后是否已显著增加的方法,并披露下列信息:

1. 根据《企业会计准则第22号——金融资产确认和计量》第五十五条的规定,在资产负债表日只具有较低的信用风险的金融工具及其确定依据(包括适用该情况的金融工具类别);

2. 逾期超过30日,而信用风险自初始确认后未被认定为显著增加的金融资产及其确定依据。

(二)企业对违约的界定及其原因。

(三)以组合为基础评估预期信用风险的金融工具的组合方法。

（四）确定金融资产已发生信用减值的依据。

（五）企业直接减记金融工具的政策，包括没有合理预期金融资产可以收回的迹象和已经直接减记但仍受执行活动影响的金融资产相关政策的信息。

（六）根据《企业会计准则第 22 号——金融工具确认和计量》第五十六条的规定评估合同现金流量修改后金融资产的信用风险的，企业应当披露其信用风险的评估方法以及下列信息：

1. 对于损失准备相当于整个存续期预期信用损失的金融资产，在发生合同现金流修改时，评估信用风险是否已下降，从而企业可以按照相当于该金融资产未来 12 个月内预期信用损失的金额确认计量其损失准备；

2. 对于符合本条（六）1 中所述的金融资产，企业应当披露其如何监控后续该金融资产的信用风险是否显著增加，从而按照相当于整个存续期预期信用损失的金额重新计量损失准备。

第八十二条　企业应当披露《企业会计准则第 22 号——金融工具确认和计量》第八章有关金融工具减值所采用的输入值、假设和估值技术等相关信息，具体包括：

（一）用于确定下列各事项或数据的输入值、假设和估计技术：

1. 未来 12 个月内预期信用损失和整个存续期的预期信用损失的计量；

2. 金融工具的信用风险自初始确认后是否已显著增加；

3. 金融资产是否已发生信用减值。

（二）确定预期信用损失时如何考虑前瞻性信息，包括宏观经济信息的使用。

（三）报告期估计技术或重大假设的变更及其原因。

第八十三条　企业应当以表格形式按金融工具的类别编制损失准备期初余额与期末余额的调节表，分别说明下列项目的变动情况：

（一）按相当于未来 12 个月预期信用损失的金额计量的损失准备。

（二）按相当于整个存续期预期信用损失的金额计量的下列各项的损失准备：

1. 自初始确认后信用风险已显著增加但并未发生信用减值的金融工具；

2. 对于资产负债表日已发生信用减值但并非购买或源生的已发生信用减值的金融资产；

3. 根据《企业会计准则第 22 号——金融工具确认和计量》第六十三条的规定计量减值损失准备的应收账款、合同资产和租赁应收款。

（三）购买或源生的已发生信用减值的金融资产的变动。除调节表外，企业还应当披露本期初始确认的该类金融资产在初始确认时未折现的预期信用损失总额。

第八十四条 为有助于财务报表使用者了解企业按照本准则第八十三条规定披露的损失准备变动信息，企业应当对本期发生损失准备变动的金融工具账面余额显著变动情况作出说明，这些说明信息应当包括定性和定量信息，并应当对按照本准则第八十三条规定披露损失准备的各项目分别单独披露，具体可包括下列情况下发生损失准备变动的金融工具账面余额显著变动信息：

（一）本期因购买或源生的金融工具所导致的变动。

（二）未导致终止确认的金融资产的合同现金流量修改所导致的变动。

（三）本期终止确认的金融工具（包括直接减记的金融工具）所导致的变动。

对于当期已直接减记但仍受执行活动影响的金融资产，还应当披露尚未结算的合同金额。

（四）因按照相当于未来 12 个月预期信用损失或整个存续期内预期信用损失金额计量损失准备而导致的金融工具账面余额变动信息。

第八十五条 为有助于财务报表使用者了解未导致终止确认的金融资产合同现金流量修改的性质和影响，及其对预期信用损失计量的影响，企业应当披露下列信息：

（一）企业在本期修改了金融资产合同现金流量，且修改前损失准备是按相当于整个存续期预期信用损失金额计量的，应当披露修改或重新议定合同前的摊余成本及修改合同现金流量的净利得或净损失；

（二）对于之前按照相当于整个存续期内预期信用损失的金额计量了损失准备的金融资产，而当期按照相当于未来 12 个月内预期信用损失的金额计量该金融资产的损失准备的，应当披露该金融资产在资产负债表日的账面余额。

第八十六条 为有助于财务报表使用者了解担保物或其他信用增级对源自预期信用损失的金额的影响，企业应当按照金融工具的类别披露下列信息：

（一）在不考虑可利用的担保物或其他信用增级的情况下，企业在资产负债表日的最大信用风险敞口。

（二）作为抵押持有的担保物和其他信用增级的描述，包括：

1. 所持有担保物的性质和质量的描述；

2. 本期由于信用恶化或企业担保政策变更，导致担保物或信用增级的质量发生显著变化的说明；

3. 由于存在担保物而未确认损失准备的金融工具的信息。

（三）企业在资产负债表日持有的担保物和其他信用增级为已发生信用减值的金融资产作抵押的定量信息（例如对担保物和其他信用增级降低信用风险程度的量化信息）。

第八十七条 为有助于财务报表使用者评估企业的信用风险敞

口并了解其重大信用风险集中度,企业应当按照信用风险等级披露相关金融资产的账面余额以及贷款承诺和财务担保合同的信用风险敞口。这些信息应当按照下列各类金融工具分别披露:

(一)按相当于未来 12 个月预期信用损失的金额计量损失准备的金融工具。

(二)按相当于整个存续期预期信用损失的金额计量损失准备的下列金融工具:

1. 自初始确认后信用风险已显著增加的金融工具(但并非已发生信用减值的金融资产);

2. 在资产负债表日已发生信用减值但并非所购买或源生的已发生信用减值的金融资产;

3. 根据《企业会计准则第 22 号——金融工具确认和计量》第六十三条规定计量减值损失准备的应收账款、合同资产或者租赁应收款。

(三)购买或源生的已发生信用减值的金融资产。

信用风险等级是指基于金融工具发生违约的风险对信用风险划分的等级。

第八十八条 对于属于本准则范围,但不适用《企业会计准则第 22 号——金融工具确认和计量》金融工具减值规定的各类金融工具,企业应当披露与每类金融工具信用风险有关的下列信息:

(一)在不考虑可利用的担保物或其他信用增级的情况下,企业在资产负债表日的最大信用风险敞口。金融工具的账面价值能代表最大信用风险敞口的,不再要求披露此项信息。

(二)无论是否适用本条(一)中的披露要求,企业都应当披露可利用担保物或其他信用增级的信息及其对最大信用风险敞口的财务影响。

第八十九条 企业本期通过取得担保物或其他信用增级所确认

的金融资产或非金融资产,应当披露下列信息:

(一)所确认资产的性质和账面价值;

(二)对于不易变现的资产,应当披露处置或拟将其用于日常经营的政策等。

第三节 流动性风险披露

第九十条 企业应当披露金融负债按剩余到期期限进行的到期期限分析,以及管理这些金融负债流动性风险的方法:

(一)对于非衍生金融负债(包括财务担保合同),到期期限分析应当基于合同剩余到期期限。对于包含嵌入衍生工具的混合金融工具,应当将其整体视为非衍生金融负债进行披露。

(二)对于衍生金融负债,如果合同到期期限是理解现金流量时间分布的关键因素,到期期限分析应当基于合同剩余到期期限。

当企业将所持有的金融资产作为流动性风险管理的一部分,且披露金融资产的到期期限分析使财务报表使用者能够恰当地评估企业流动性风险的性质和范围时,企业应当披露金融资产的到期期限分析。

流动性风险,是指企业在履行以交付现金或其他金融资产的方式结算的义务时发生资金短缺的风险。

第九十一条 企业在披露到期期限分析时,应当运用职业判断确定适当的时间段。列入各时间段内按照本准则第九十条的规定披露的金额,应当是未经折现的合同现金流量。

企业可以但不限于按下列时间段进行到期期限分析:

(一)一个月以内(含一个月,下同);

(二)一个月至三个月以内;

(三)三个月至一年以内;

(四)一年至五年以内;

（五）五年以上。

第九十二条 债权人可以选择收回债权时间的，债务人应当将相应的金融负债列入债权人可以要求收回债权的最早时间段内。

债务人应付债务金额不固定的，应当根据资产负债表日的情况确定到期期限分析所披露的金额。如分期付款的，债务人应当把每期将支付的款项列入相应的最早时间段内。

财务担保合同形成的金融负债，担保人应当将最大担保金额列入相关方可以要求支付的最早时间段内。

第九十三条 企业应当披露流动性风险敞口汇总定量信息的确定方法。此类汇总定量信息中的现金（或另一项金融资产）流出符合下列条件之一的，应当说明相关事实，并提供有助于评价该风险程度的额外定量信息：

（一）该现金的流出可能显著早于汇总定量信息中所列示的时间。

（二）该现金的流出可能与汇总定量信息中所列示的金额存在重大差异。

如果以上信息已包括在本准则第九十条规定的到期期限分析中，则无须披露上述额外定量信息。

第四节 市场风险披露

第九十四条 金融工具的市场风险，是指金融工具的公允价值或未来现金流量因市场价格变动而发生波动的风险，包括汇率风险、利率风险和其他价格风险。

汇率风险，是指金融工具的公允价值或未来现金流量因外汇汇率变动而发生波动的风险。汇率风险可源于以记账本位币之外的外币进行计价的金融工具。

利率风险，是指金融工具的公允价值或未来现金流量因市场利率变动而发生波动的风险。利率风险可源于已确认的计息金融工具和未确认的金融工具（如某些贷款承诺）。

其他价格风险，是指金融工具的公允价值或未来现金流量因汇率风险和利率风险以外的市场价格变动而发生波动的风险，无论这些变动是由于与单项金融工具或其发行方有关的因素而引起的，还是由于与市场内交易的所有类似金融工具有关的因素而引起的。其他价格风险可源于商品价格或权益工具价格等的变化。

第九十五条 在对市场风险进行敏感性分析时，应当以整个企业为基础，披露下列信息：

（一）资产负债表日所面临的各类市场风险的敏感性分析。该项披露应当反映资产负债表日相关风险变量发生合理、可能的变动时，将对企业损益和所有者权益产生的影响。

对具有重大汇率风险敞口的每一种货币，应当分币种进行敏感性分析。

（二）本期敏感性分析所使用的方法和假设，以及本期发生的变化和原因。

第九十六条 企业采用风险价值法或类似方法进行敏感性分析能够反映金融风险变量之间（如利率和汇率之间等）的关联性，且企业已采用该种方法管理金融风险的，可不按照本准则第九十五条的规定进行披露，但应当披露下列信息：

（一）用于该种敏感性分析的方法、选用的主要参数和假设；

（二）所用方法的目的，以及该方法提供的信息在反映相关资产和负债公允价值方面的局限性。

第九十七条 按照本准则第九十五条或第九十六条对敏感性分析的披露不能反映金融工具市场风险的（例如期末的风险敞口不能反映当期的风险状况），企业应当披露这一事实及其原因。

第八章　金融资产转移的披露

第九十八条　企业应当就资产负债表日存在的所有未终止确认的已转移金融资产，以及对已转移金融资产的继续涉入，按本准则要求单独披露。

本章所述的金融资产转移，包括下列两种情形：

（一）企业将收取金融资产现金流量的合同权利转移给另一方。

（二）企业保留了收取金融资产现金流量的合同权利，但承担了将收取的现金流量支付给一个或多个最终收款方的合同义务。

第九十九条　企业对于金融资产转移所披露的信息，应当有助于财务报表使用者了解未整体终止确认的已转移金融资产与相关负债之间的关系，评价企业继续涉入已终止确认金融资产的性质和相关风险。

企业按照本准则第一百零一条和第一百零二条所披露信息不能满足本条前款要求的，应当披露其他补充信息。

第一百条　本章所述的继续涉入，是指企业保留了已转移金融资产中内在的合同权利或义务，或者取得了与已转移金融资产相关的新合同权利或义务。转出方与转入方签订的转让协议或与第三方单独签订的与转让相关的协议，都有可能形成对已转移金融资产的继续涉入。如果企业对已转移金融资产的未来业绩不享有任何利益，也不承担与已转移金融资产相关的任何未来支付义务，则不形成继续涉入。下列情形不形成继续涉入：

（一）与转移的真实性以及合理、诚信和公平交易等原则有关的常规声明和保证，这些声明和保证可能因法律行为导致转移无效。

（二）以公允价值回购已转移金融资产的远期、期权和其他合同。

（三）使企业保留了收取金融资产现金流量的合同权利但承担了将收取的现金流量支付给一个或多个最终收款方的合同义务的安排，且这类安排满足《企业会计准则第23号——金融资产转移》第六条（二）中的三个条件。

第一百零一条 对于已转移但未整体终止确认的金融资产，企业应当按照类别披露下列信息：

（一）已转移金融资产的性质；

（二）仍保留的与所有权有关的风险和报酬的性质；

（三）已转移金融资产与相关负债之间关系的性质，包括因转移引起的对企业使用已转移金融资产的限制；

（四）在转移金融资产形成的相关负债的交易对手方仅对已转移金融资产有追索权的情况下，应当以表格形式披露所转移金融资产和相关负债的公允价值以及净头寸，即已转移金融资产和相关负债公允价值之间的差额；

（五）继续确认已转移金融资产整体的，披露已转移金融资产和相关负债的账面价值；

（六）按继续涉入程度确认所转移金融资产的，披露转移前该金融资产整体的账面价值、按继续涉入程度确认的资产和相关负债的账面价值。

第一百零二条 对于已整体终止确认但转出方继续涉入已转移金融资产的，企业应当至少按照类别披露下列信息：

（一）因继续涉入确认的资产和负债的账面价值和公允价值，以及在资产负债表中对应的项目。

（二）因继续涉入导致企业发生损失的最大风险敞口及确定方法。

（三）应当或可能回购已终止确认的金融资产需要支付的未折现现金流量（如期权协议中的行权价格）或其他应向转入方支付的款

项,以及对这些现金流量或款项的到期期限分析。如果到期期限可能为一个区间,应当以企业必须或可能支付的最早日期为依据归入相应的时间段。到期期限分析应当分别反映企业应当支付的现金流量(如远期合同)、企业可能支付的现金流量(如签出看跌期权)以及企业可选择支付的现金流量(如购入看涨期权)。在现金流量不固定的情形下,上述金额应当基于每个资产负债表日的情况披露。

(四)对本条(一)至(三)定量信息的解释性说明,包括对已转移金融资产、继续涉入的性质和目的,以及企业所面临风险的描述等。其中,对企业所面临风险的描述包括下列各项:

1. 企业对继续涉入已终止确认金融资产的风险进行管理的方法;

2. 企业是否应先于其他方承担有关损失,以及先于本企业承担损失的其他方应承担损失的顺序及金额;

3. 企业向已转移金融资产提供财务支持或回购该金融资产的义务的触发条件。

(五)金融资产转移日确认的利得或损失,以及因继续涉入已终止确认金融资产当期和累计确认的收益或费用(如衍生工具的公允价值变动)。

(六)终止确认产生的收款总额在本期分布不均衡的(例如大部分转移金额在临近报告期末发生),企业应当披露本期最大转移活动发生的时间段、该段期间所确认的金额(如相关利得或损失)和收款总额。

企业在披露本条所规定的信息时,应当按照其继续涉入面临的风险敞口类型分类汇总披露。例如,可按金融工具类别(如附担保或看涨期权继续涉入方式)或转让类型(如应收账款保理、证券化和融券)分类汇总披露。企业对某项终止确认的金融资产存在多种继续涉入方式的,可按其中一类汇总披露。

第一百零三条 企业按照本准则第一百条的规定确定是否继续涉入已转移金融资产时,应当以自身财务报告为基础进行考虑。

第九章 衔接规定

第一百零四条 自本准则施行日起,企业应当按照本准则的要求列报金融工具相关信息。企业比较财务报表列报的信息与本准则要求不一致的,不需要按照本准则的要求进行调整。

第十章 附则

第一百零五条 本准则自2018年1月1日起施行。

附录二

《企业会计准则第37号——金融工具列报》修订说明

一、本准则修订的背景

金融工具相关的资产负债、经营业绩和金融风险状况的列示和披露是企业财务报告的重要内容，是揭示、防范和控制金融风险、提高金融市场透明度、维护金融稳定和发展、保护投资者利益的重要手段。我国于2006年2月15日发布了《企业会计准则第37号——金融工具列报》（以下简称金融工具列报准则），自2007年1月1日起实施，2014年基于金融工具创新的需要对该准则作了微调。

但是，随着我国多层次资本市场的建设、利率汇率的进一步市场化、金融创新步伐的加快、金融风险管理要求的提高、以及金融监管的转型与强化，金融工具列报准则出现了一些不适应形势发展需要的情况，比如，财务报表中有关金融资产、金融负债和权益工具的分类与列示以及有关价值变动信息的披露需要进一步改进，有关报表项目金额的估计技术和假设需要充分披露，企业面临的金融风险及其风险管理策略披露不够等。为此，需要对金融工具列报准则作出系统修改和完善。

与此同时，我部于近期修订印发了《企业会计准则第22号——

金融工具确认和计量》（以下简称"金融工具确认计量准则"）、《企业会计准则第 23 号——金融资产转移》（以下简称"金融资产转移准则"）和《企业会计准则第 24 号——套期会计》（以下简称"套期会计准则"）等三项金融工具相关会计准则，这些准则涉及的金融工具分类与计量、金融资产减值、金融资产转移、套期会计等变化，对金融工具的列报都提出了新的要求，需要调整金融工具列报准则的相关内容，以与金融工具确认计量、金融资产转移、套期会计等准则的相关规定保持一致。

二、本准则修订的过程

为了切实解决我国企业金融工具列报实务问题，保持我国企业会计准则与国际财务报告准则持续趋同，按照《中国企业会计准则与国际财务报告准则持续趋同路线图》（财会〔2010〕10 号）的要求，我们严格遵循企业会计准则制定程序，在充分听取各方意见的基础上，修订完善了金融工具列报准则。2016 年 8 月 29 日，我们就《企业会计准则第 37 号——金融工具列报（修订）（征求意见稿）》（以下简称"征求意见稿"）公开征求意见，反馈意见截止期为 2016 年 10 月 18 日。征求意见截止后，我们共收到社会各界的反馈意见 42 份。

我们对所有反馈意见进行了认真、深入、系统地归纳整理和分析，反馈意见总体上对金融工具列报准则的修订表示肯定和认可。我们针对反馈意见中提出的有效意见均予以吸收，针对反馈意见中提出的个别突出问题，比如企业信用风险和预期信用损失的定性和定量信息的披露要求、企业套期会计和风险管理策略信息的披露要求等，我们咨询了国际会计准则理事会有关专家和国内有关理论界、实务界和监管部门的意见，提出了妥善的解决方案。在此基础上形成了金融工具列报准则最终稿。

三、本准则修订的主要内容

本次金融工具列报准则的修订主要是顺应金融工具确认计量、金融资产转移和套期会计等三项准则的修订而需要在财务报表列报层面做出的相应调整。具体而言，金融工具列报准则重点就以下内容进行了修订完善：

（一）针对金融工具分类变化调整了相关财务报表列示项目与披露内容

新金融工具确认计量准则将金融资产由现行的"四分类"（即以公允价值计量且其变动计入当期损益的金融资产、持有至到期投资、贷款和应收款项、可供出售金融资产）改为"三分类"（即以摊余成本计量的金融资产、以公允价值计量且其变动计入其他综合收益的金融资产和以公允价值计量且其变动计入当期损益的金融资产）。为此，金融工具列报准则相应地调整了企业资产负债表列示项目及其附注披露内容，取消了"持有至到期投资""可供出售金融资产"等资产负债表列示项目，要求按照新的金融资产分类要求列示资产负债表项目。

与此同时，金融工具列报准则对利润表的列示项目及其有关附注披露内容也做了调整，主要包括：（1）按照新金融工具相关会计准则允许将金融资产公允价值变动计入其他综合收益的，该公允价值变动金额应当列示于企业利润表的其他综合收益项下；（2）按照新金融工具相关会计准则不允许将金融资产公允价值变动计入其他综合收益而原准则允许计入其他综合收益的，相关公允价值变动金额应当列示于企业利润表的当期损益项目内；（3）按照新金融工具相关会计准则规定，金融负债公允价值变动中由企业自身信用风险变动所导致的部分应当计入其他综合收益，其他部分计入当期损益，为此，新金融工具列报准则要求将前者列示于企业利润表的其他综合收益项下，后者列示于企业利润表的当期损益项目中，从而更加如实地反映企业的经营业绩。

（二）对金融风险的披露要求进行了充实和完善

企业所面临的金融风险状况，是财务报表使用者和监管者进行风险评估和监控的重要依据。金融工具列报准则要求企业充分揭示其信用风险、流动性风险和市场风险情况，对有关金融风险披露要求作了较大幅度的充实和完善：（1）关于信用风险，准则要求企业披露其信用风险敞口（尤其是重大信用风险集中度）、预期信用损失金额变动情况及其原因、预期信用损失计量方法和假设、担保物或其他信用增级对预期信用损失的影响等信息，从而有助于财务报表使用者了解信用风险对企业未来现金流量金额、时间和不确定性的影响；（2）关于流动性风险，准则要求企业披露其流动性风险敞口、到期期限分析、流动性风险敞口汇总定量信息的确定方法等信息，从而有助于财务报表使用者恰当评估企业所面临流动性风险的性质、范围及其对企业变现能力和偿付能力的影响；（3）关于市场风险，准则要求企业披露金融工具的市场风险，包括汇率风险、利率风险和其他价格风险，并以整个企业为基础对市场风险进行敏感性分析，从而有助于财务报表使用者恰当评估企业所面临的市场风险及其对企业财务状况和经营业绩的影响。

（三）对企业风险管理策略的披露要求予以了强化

企业管理风险的能力和水平是衡量一个企业管理水平尤其是风控水平的重要标志。金融工具列报准则要求企业披露风险管理策略以及如何应用这些策略管理各项金融风险，以有助于财务报表使用者评价每类风险是如何产生的、企业是如何管理风险的以及企业管理风险敞口的程度。准则同时要求企业根据套期业务特点、套期会计披露目标和有关金融风险类型，对套期会计相关信息作充分披露。

（四）对金融资产转移的披露做了进一步补充和完善

为了提高金融资产转移信息披露的质量，全面反映企业金融资产转移活动中的风险，金融工具列报准则要求企业单独披露在资产负债表日存在的所有未终止确认的已转移金融资产情况，以及对已转移金融资产的继续涉入情况，包括相关金融资产的性质、金额以及风险状况等，从而有助于财务报表使用者了解未整体终止确认的已转移金融资产与相关负债之间的关系，评价企业继续涉入相关金融资产的性质和风险。